本书是辽宁省教育厅人文社科项目（LJ2019JW009）的研究成果

不同空间尺度下的
经济集聚机制
比较与解释

谢剑锋 ◎ 著

中国财经出版传媒集团

经济科学出版社

Economic Science Press

图书在版编目（CIP）数据

不同空间尺度下的经济集聚机制比较与解释/谢剑锋著 . -- 北京：经济科学出版社，2022.5
ISBN 978 - 7 - 5218 - 3663 - 9

Ⅰ. ①不… Ⅱ. ①谢… Ⅲ. ①区域经济发展 - 研究 - 中国 Ⅳ. ①F127

中国版本图书馆 CIP 数据核字（2022）第 074320 号

策划编辑：李 雪
责任编辑：袁 溦
责任校对：刘 昕
责任印制：王世伟

不同空间尺度下的经济集聚机制比较与解释

谢剑锋 著

经济科学出版社出版、发行 新华书店经销

社址：北京市海淀区阜成路甲 28 号 邮编：100142

总编部电话：010 - 88191217 发行部电话：010 - 88191522

网址：www. esp. com. cn

电子邮箱：esp@ esp. com. cn

天猫网店：经济科学出版社旗舰店

网址：http://jjkxcbs. tmall. com

北京季蜂印刷有限公司印装

710 × 1000 16 开 10.5 印张 120000 字

2022 年 6 月第 1 版 2022 年 6 月第 1 次印刷

ISBN 978 - 7 - 5218 - 3663 - 9 定价：46.00 元

前　言

　　经济活动在不同的国家、区域、城市的分布与增长差异很大，在不同空间尺度下均呈现出峰谷一样不均匀的人口与财富分布特质。尽管经济聚集现象极普遍，但是对这些现象的一般性理论解释仍处于探索阶段。

　　在全球的尺度上，人类经济活动及生活水平在各大陆与国家间的分布是极不均匀的。从统计上看，北美自由贸易区、东亚与欧盟是经济活动最为集中的地区。近些年来，由于通信成本与运输成本的大幅下降，全球经济在增长的同时也变得在空间上更加集聚。2020 年，北美自贸区产出占全球产出的 27.3%，东亚占 27.0%，欧盟占 21.9%，以上三大经济区域生产总值合计占比为 76.2%，相比 1980 年三大区域所占的 70%，又有提高[①]。在国家或区域尺度上，差异同样非常显著，少数省份或大城市拥有较大的国内生产总值（GDP）总量。例如，广东省的面积只占中国国土面积的 1.95%，而 2020 年的 GDP 占比达到 10.9%；长三角地区的面积只占 3.7%，而 GDP 占比达到 23.6%[②]。一些大城市也拥有远大于土

---

　　① 基本数据来自 https：//baijiahao. baidu. com/s？ id = 1683528423453934685&wfr = spider&for = pc，经作者计算得出。
　　② 基本数据来自《中国统计年鉴 2021》，经作者计算得出。

地面积占比的 GDP 份额，如北京地区仅占国土面积的 0.17%，却拥有全国总人口的 1.6%，GDP 的 3.4%①。国外的情况也类似，2019 年，纽约 GDP 达到 10300 亿美元，约占美国总产出的 5%，而城市建成区面积却还不到美国国土的万分之一②。经济活动在区域层面的分布也是极不均匀的，如上海作为长三角区域的核心城市，只占该区域面积的 1.8%，而 GDP 的比重达到 15.6%③。在城市的尺度上，经济分布也不均匀，经济活动的构成与规模也是极其多样化的。北京和纽约那样的大城市容纳了很多并无直接关联的产业，这一类超大都市是高度多样化的。而某些城市（或地区）会专业化于某几个产业，呈现出更单一的集聚形态：技术或信息相互关联的企业组成产业区（如我国中关村和德国鲁尔工业区），以及企业城（如长春一汽汽车城），相对更加地方化与专业化。深入到城市内部结构中，可以发现诸如商业区和出售相似产品的店铺彼此邻近等更小尺度的集聚现象。

虽然集聚现象在不同的空间尺度下出现，但是依不同空间尺度划分的各类集聚的主体在规模及性质上是迥异的，集聚赖以形成的各种向心力的特性也是不同的，所以不应试图使用同一模型去解释各种空间尺度（从城市、区域与国家到全球）下的经济活动的集聚现象。经济在地理上的集聚总是引致生活水平空间差异的出现，而这种差异很可能会导致社会问题的出现，因此必须得到应有的重视。城市结构特点、国内区域差异与全球经济格局对应着城市、区

---

① 基本数据来自《中国统计年鉴 2021》，经作者计算得出。
② 基本数据来自 https://baijiahao.baidu.com/s? id = 1728551461109095536&wfr = spider&for = pc，经作者计算得出。
③ 基本数据来自《中国统计年鉴 2021》，经作者计算得出。

域及贸易政策的制定背景，所以从不同的空间尺度或空间单元去划分集聚现象的类型、区别不同层面上经济活动地理集中的经济学机制是合理制定城市、区域及贸易政策的重要前提。本书将对以上三个空间尺度下的集聚机制进行比较与评价。

谢剑锋

2022 年 4 月

目　　录

第一篇　城市尺度的经济集聚机制

第1章　规模经济导致城市形成的逻辑 ················· 3

　1.1　规模经济与企业数量有限性：一个简单模型············ 5

　1.2　城市的形成与维持：运输成本最小化的视角 ········ 11

　1.3　新城市出现的条件 ················· 16

　1.4　小结 ················· 20

第2章　外部规模报酬递增与城市尺度的经济集聚·············· 22

　2.1　分享机制导致城市层面集聚的机理分析 ·············· 23

　2.2　匹配机制导致城市层面集聚的机理分析 ·············· 33

　2.3　学习机制导致城市层面集聚的机理分析 ·············· 47

　2.4　小结·············· 61

第二篇 区域尺度下的经济集聚机制

第3章 迪克西特－斯蒂格利茨垄断竞争模型的空间

含义解读 ………………………………………… 67

3.1 "冰山成本"的空间意义及对需求的影响 …………… 67

3.2 企业规模与市场规模不相关的原因探讨 …………… 74

3.3 企业数量与价格水平的关系讨论 ………………… 78

3.4 影响制造业企业工资水平的机制分析 …………… 80

3.5 区域内市场效应与集聚 ………………………… 82

第4章 中心—外围模型对区域尺度下集聚的解释 ………… 89

4.1 集聚的决定因素：实际工资方程的表达 …………… 89

4.2 两区域模型中的经济集聚发生条件 ……………… 91

4.3 运输成本影响均衡状态的探讨及政策含义 ………… 95

4.4 区域尺度下经济集聚的维持 …………………… 101

第5章 区域集聚与城市集聚机理的比较 ………………… 106

5.1 区域与城市集聚机理的假设条件比较 …………… 106

5.2 区域与城市集聚机理的理论基础比较 …………… 113

5.3 不同空间尺度下运输成本作用的逆转与空间

发展的倒 U 形曲线 …………………………… 117

5.4 小结 ……………………………………… 122

第三篇　全球尺度下的经济集聚机制

第6章　要素的跨国流动与地理集聚 ················ 127

6.1　跨国公司地区总部的集聚机制 ················ 128

6.2　生产环节在全球尺度下的集聚机制 ·············· 134

6.3　集聚或是分散：信息传递成本、运输成本与规模
经济的权衡 ························· 140

第7章　对外贸易与内部经济集聚 ·············· 143

7.1　国际贸易成本变动影响国内经济地理的
逻辑概述 ························· 144

7.2　国际贸易成本变动的地理效应 ·············· 146

7.3　小结 ···························· 151

参考文献 ···························· 154

第一篇　城市尺度的经济集聚机制

第1章

规模经济导致城市形成的逻辑

关于报酬递增的基本认识是企业在开始生产前必须建立工厂、投资设备，这就产生了批量生产的固定成本与经常费用，在传统的区位理论中，规模经济是企业的内部问题（藤田昌久等，2016）。规模经济（在建模中表现为企业生产存在固定成本投入）是更贴近现实情况的假定，也是解释现实世界生产活动在空间上分布不均匀现象的重要原因。在空间经济学中，规模经济的重要性可以由克鲁格曼（Krugman）曾提到的"后院经济"的比喻去理解：如果现实世界不存在生产活动的规模报酬递增，那么，对于厂商来说，不存在固定成本，即使生产规模非常小，也不会增加其产品的平均成本，从而不会影响价格，即仍然可以在竞争中拥有一席之地；或者更微观地考量，如果不存在规模经济，"职业"甚至不会存在，原因是每个人可以将自己的时间和精力无限分割，自己完成所有类型的工作以满足自身所需，同时不会影响效率（因为假定并不存在规模经济），每个家庭（甚至每个个人）将成为独立的生产单元，那么真就成为所谓的"后院经济"。进一步地，如果不存在规模经济，将产生两种情况：第一，生产厂商的数量将极其庞大，单个厂商产量反而极小，客观上为生产企业在空间上的广泛、均匀分布创造了条件（即与出现城市这类企业集聚的空间形式背道而驰）；第二，由于是"后院经济"，自给自足，运输成本不发生，所以不必集聚，在不考虑地区间的自然差异的前提下，以纯经济学机制来分析，不会有空间上的集聚发生。由于无集聚，消费者不集中，从而消费行为在地理上分散，这反过来又会促进生产的分散和当地市场规模变小。综上所述，可作如下推论，如果消费者在地理上分散且厂商存在规模报酬递增，那么，各个地区市场中不可能存在许多竞争性企业。可以将其机制做简单的抽象解释：如果存在规模经济，那么，一定会有个别企业在竞争中脱颖而出，相较于其他企业较早地获得了规模优势（即由销量决定的产量优势，在开始时这种优势可能是很微弱的），由于固定成本的存在，产量的优势会降低其平均成本，从而会使得其销售范围（指空间上的）有所扩大，扩大的程度则是该"优势企业"与周边其他企业的平均成本的差的增函数。也就是说，优势企业的平均成本优势越明显，其能够覆盖的销售地理范围就越广阔，根本原因在于优势企业必须用成本差来弥补将产品运送至更远周边地区的运输成本。由于是竞争性市场结构的假设，消费者并不会为同一种产品支付不同的价格（消费者不会支付运费），所以只能依靠厂商的平均成本的降低来负担运费。必须注意到，在优势厂商获得更大的销售范围的同时，有两种效应发生：第一，由于固定成本存在，当销售范围扩大从而销售量增加时，优势企业的产品平均成本会进一步降低，也就是，市场价格与平均成本的差会扩大，而这个差正是优势企业能够支付的运输成本，即企业能够覆盖的地理范围会扩大，这是效应一；第二，随着优势企业的销售范围的扩大，其所需要支付的单位产品的运输成本也在增加。在建模分析问题之前，经济分析的直觉也会提示我们，平均成本的降低幅度会随着产量的增加越来越小，而通常假定运输成本随距离的增加而一直同比例增加，即降低的平均成本并不会覆盖无限远的地区的运输成本。所以，一个企业的销售范围不会覆盖全部地区，而是有一个"确定"的范围（如果生产成本函数与运输成本函数都是确定的），当增加的单位产品的运输成本等于降低的单位产品的平均成本时，即达到了一个均衡。

1.1　规模经济与企业数量有限性：一个简单模型

如果存在规模经济，那么，企业的数量将变得有限，该思想可用如下的一个简单数学模型来体现。

作如下假定：

假定 1 - 1：企业具有规模经济的特质。

假定 1 - 2：运输成本分为两部分，分别是固定运输成本与与距离成正比的运输成本。

假定 1 - 3：企业的销售量是其销售的地理范围的增函数。

以上假定可以用如下方程来表示：

$$AC = \frac{\alpha}{x} + \beta \qquad (1-1)$$

$$\tau = \tau_0 + \gamma d \qquad (1-2)$$

$$x = x(d) = \delta \pi d^2 \qquad (1-3)$$

其中，AC 为企业的平均成本，α 为固定成本，β 为边际成本，x 为产量；τ 为单位产品运输成本，τ_0 为固定运输成本，γ 为边际运输成本（每单位产品增加一单位运输距离所增加的运输成本），d 为运输距离；设销售量 x 与销售覆盖的地理面积成正比，故有式（1-3），其中 δ 是单位面积的消费量，代表"消费密度"，有 $\delta > 0$。均衡时，有平均成本的减少量等于运输成本的增加量，求一阶条件，可得：$d = \sqrt[3]{\dfrac{2\alpha}{\delta\pi\gamma}}$。该结论可以这样解释：一个企业可以覆盖的地理半径 d（或占有的市场空间）由该行业企业的固定成本大小、边际运输成本与消费者在空间上的密度共同决定。就具体的表达式来看，可以得到如下结论：

（1）某行业的企业的固定成本（α）越大，则销售可以覆盖的地理半径（d）越大，即可以拥有更广阔的空间的消费者。这一理论推断与现实世界的情况基本契合。以装备制造业为例，该行业中的企业均有相对更大量的固定资本投入，一个装备制造业企业的产品也会销售至距企业所在位置更远的地区；相比之下，一些简单产品的生产商，例如豆腐的生产者，投入很小的固定资本，同时也只将产品供给周边人群。

（2）边际运输成本（γ）越大，即增加一单位运输距离导致的运输成本增加越多，企业销售能够覆盖的地理半径就越小。原因在于，在此种情况下，销售范围扩大所带来的平均成本减少会很快被运输成本的迅速增加而抵消，所以难以获得更大的销售范围。

（3）消费密度（δ）越大，即单位面积的消费能力越强，企业销售能覆盖的地理半径反而越小。这一结论初看上去似违背直觉，但却是合理的。空间意义上的消费密度越大，平均成本随着销售半

径的扩大降低得越快，但很快就会接近极限从而缺乏再下降的空间
（如以半径为横轴，平均成本为纵轴，平均成本曲线将陡峭下降并
很快即接近极限），此时再增加销售半径平均成本已几乎不下降，
而运输成本却随距离增加而同比增加，所以均衡时的覆盖半径反而
会小。从此角度看，这也是为什么人口密度大的地区，企业间距离
间隔小的原因。以上推导出的理论模型虽然表达简单但却有很强的
解释力。仍然以制作豆腐的企业为例，他的覆盖半径较短，或者说
在一定空间面积下企业个数较多如何用以上模型来解释呢？第一，
豆腐生产的固定投入较小，甚至可以说没有门槛，体现在模型中就
是分子 α 很小。第二，豆腐不易保存，且相对于体积和质量而言价
值较低，所以运输成本较高，即作为分母的 γ 较大。第三，在人口
密集的地区，豆腐生产者会更多，即间隔会更小。以上三点决定了
豆腐生产者提供产品的空间半径较小。

　　以上模型对城市形成的原因在逻辑上的贡献如下：在规模经济
的前提下，企业的数量是有限的，每个企业服务于一定的空间范
围，不可能在空间上广泛分布、"遍地开花"。所以，由规模经济导
致的企业数量有限性使空间的不均衡性具备了可能。试想，如果无
规模经济的前提，各类企业数量会极其众多，每一个企业都可以在
偏远的地区服务于极少量的人口，这样便很难形成城市样态的集聚
形式。

　　关于规模经济效应对于城市层面的集聚形成的重要的、不可或
缺的作用，可以进一步做如下的思想实验。想象一个没有任何差异
的绝对均质的正方形地区，在该地区图形上分别打上若干条间距相
等、数量相等的横、纵线条，从而将此大正方形分割成若干个面积

相等的小正方形，下文中我们称每个小正方形为该地区的一个部分地区。现设置如下假定：

假定1-4：假设每一个企业都不存在规模经济。

假定1-5：假定各部分地区既没有自然条件差异，完全相同的自然条件保证了各部分没有种植条件的差异，从而农业生产者完全均匀分布。

假定1-6：假定各部分地区的地理条件完全相同，从而保证各部分没有运输成本的差异。

假定1-7：假定一个企业将产品销售给自身所在部分的消费者不会产生运输成本；而将产品销售给其他部分的销售者则会产生运输成本，运输成本随企业距消费者的距离的增加而增长。即如果企业与消费者在同一个小格子内，销售产品不需要付出运输成本，而如果企业将产品卖给其他小格子内的消费者则需要支付运输成本。

假定1-8：由于思考的是城市的形成过程，所以假定实验初始时无城市居民（即无消费者的集聚形态）。

在此空间特质的假定下，在没有规模经济的前提下，即平均成本并不会因为产量增加而降低的假设下，企业的规模与分布应该是怎样的状态呢？依次给出结论并解释：

（1）不会有超出规模的企业存在。

这里指的超出规模，是指产量超过本地区（即那个小格子）内消费者的需求数量。由于企业的产量一旦超出小格子内消费者所需，就一定要将产品运送至其他地区（其他小格子）销售，按上文所给出的假定，将需要支付运输费用。但是，在竞争性市场的大前提下，即使是在本地销售产品，企业也是无利润可言的（即产品价格等于产品的平均成本），所以，销往其他地区的产品的价格必然是平均成本加运输费用，而其他地区的消费者是不会接受这个价格的（因为可以从当地企业购买到不必支付运费的同样产品），从而超出规模的产量注定将面临无法售出的局面，即不会有超出规模的企业存在。

（2）不会有运输发生。

这是结论（1）的一个推论。当没有超出规模的企业存在时，每个企业都可以在当地售罄所有产品，所以不必运输产品至其他地区。

（3）企业在空间上均匀分布。

如果消费者在空间上是均匀分布的，那么每个小格子中的消费需求是相同的，则每个小格子中的企业数量是相同的（如果企业的规模是一致的）。或者，即使允许企业的规模不一致，每个格子中的企业数量不同，但至少每个格子中企业的总产量也是相同的。

（4）企业的规模可能极微小。

如果我们继续增加这个正方形区域的横纵线条的数量，也就是将每个部分地区的面积继续缩小，并仍然假设产品跨过小格子的边界会支付运输费用，那么每个格子中的企业规模将极小，因为他只将产品卖给这个极小的格子中的数量极少的消费者。如果继续缩小格子的面积，小到每个格子中只有一个家庭，那么"后院经济"就真的出现了——每个家庭都不再参与分工，而是将生产与生活限定在一个院落之中。可以想象，缩小的极限是每个格子中只有一个人，那么每个人都是一座经济意义上的孤岛①。米尔斯（Mills，

---

① 严格地说，这个结论是在不考虑个体之间的异质性的前提下得到的。

1972）曾经描述了一个在完全竞争性市场中，且不存在规模报酬递增的一个假象的经济系统，称为没有城市的奇异世界：每一块面积相等的土地上都生存着数量完全相同的人口，从事同样的经济生产行为。这样的格局出现的关键原因在于不存在规模经济等规模报酬不变的假定，从而使任意规模水平上的生产活动都可存在而并不牺牲效率。而且，所有土地的产量相同，均衡状态下的每块土地的边际产出都相等，那么地租也因此相等。在此类系统中，用以满足消费者的各种投入与产出都存在于消费者周边极狭小的区域内。在这样的系统中，每个小区域内都是自给自足的，不会有运输发生。

以上的思想实验将"空间不可能定理"以简单的形式再现——一个拥有有限数量的消费者和企业的两区域经济体，如果空间是匀质的，运输是有成本的，就不存在包含运输的竞争均衡。这个定理意味着，如果经济活动是完全可分的，那么则会存在竞争性均衡，而且每一个地区都会实现一种自给自足的经济模式，在这里，可以把以上的空间不可能定理认为是一个空间经济上的"不可能三角"。这里的空间匀质的假定是合理的，因为我们是在探讨集聚形成的完整过程，所以不可以在初始便设定某个地区已经具备某种集聚形式，而且，考虑到农业生产者的最重要的生产资料——土地是无法移动的，所以假定农业生产者（同时也是消费者）均匀分布。

接下来的一个问题是，规模经济可以得到企业数量有限这个结论，但是，为什么各类企业会倾向于在地理上互相接近，从而使形成人口密度很大的城市成为可能呢[1]？这个问题的解释是综合性的，

---

① 当然，如果企业数量是有限的，即使企业间相隔距离相同，空间上的经济分布也已经不再均衡，以每个企业所在地为中心，都是一个小规模的集聚形态。

绝不是单一因素的结果。但在本章中，只从企业更加愿意在空间上接近消费者这个猜测入手，而有关外部经济等原因在第 2 章解释。

1.2　城市的形成与维持：运输成本最小化的视角

上一小节的分析从企业的规模经济入手，论证了规模经济的存在使企业的规模有一个门槛（太小规模的企业由于平均成本过高而无法生存），从而使同一行业的企业的数量相对有限，避免了企业数量极其庞大，从而广泛分布（为了节省运输成本，每个企业将在特定空间有自己的消费人群），在空间上无法也没有必要集聚。但是，即使在规模经济的假设下，企业的数量有限，企业就必须要呈现某种集聚样态吗？相比较无规模经济的微小企业必须分散，存在规模经济的、规模较大的企业有空间上集聚或空间上分散两种可行性，为什么现实中却是企业集聚（指不同类型的企业在空间上的集中，非产业集群），并由此引致消费者集聚，以至成为城市样态，而不是分散形态呢？或者换种方式提问，是什么原因使得企业有意愿在空间上互相接近呢[①]？在本节中，只从运输成本最小化入手，而对城市形成也非常重要的外部经济则在下一节中介绍。在建模之前，先将分析思路表达如下：如果企业的固定成本投入、边际成本都是既定的，在一个地区，最优的策略一定是尽量靠近消费者，使销售过程中的运输成本能够实现最小化。以下参考藤田昌久（Fujita

---

[①]　考虑到企业员工既是生产者也是消费者，企业集聚也是消费者在空间上的集聚。

Masahisa）与克鲁格曼的模型进行解释。

假定存在一个一维空间，数量被标准化为 1 的消费者分布在一条长度为 1 的线段上。这些消费者同时也是生产者，其中数量为 μ 的消费者是企业员工，生产制造业产品并集中于若干企业中（这些企业占据线段上的一个点，这一点可以定义为城市地区）；数量（$1-\mu$）的消费者为农业生产者，平均分布在该线段上。在这里，假定每个企业都有显著的规模经济，即固定成本的数量很大，则企业不会考虑为了节省运输成本而设置分厂，只选择一个地点设厂生产。既然只选择一个厂址，且固定成本与边际成本不变、销售数量确定（模型中假设每单位消费者消费 1 单位产品），此时利润最大化即是要实现运输成本最小化。

如图 1-1 所示，假定企业均集中在距离原点为 r 的 r 处，在 r 处聚集着数量为 μ 的制造业工人，其余（$1-\mu$）的农业人口平均分布在线段上。假如，此时有一个新进入的企业要在此线段上选址，他会做出怎样的位置抉择呢？如果此线段上不存在如 r 点一样的人口集中点，即所有人口均平均分布的话，那么在运输成本最小化的约束下，新进企业的位置一定要选择在该线段的中点，这样该企业到所有消费者的平均距离为 1/4。但是，现在的情况是，在点 r 处有众多的企业员工（同时也是消费者），那么，新进企业的选址会不会为了更加接近 r 处的企业员工而偏离线段中点呢？（如果原来的那些企业所在地 r 并不在线段的中点处，即 $r \neq \dfrac{1}{2}$）。通过分析，我们就会发现这个问题的答案有多重可能性，每一种可能性取决于其涉及的参数大小。在建模分析之前，可作如下概括分析。

（1）如果 μ 很小，即使企业在 r 处集聚，但因为企业员工（对新进企业来说是消费者）数量较小，新进企业不一定会为了靠近原有企业而放弃线段的中点位置。

（2）如果 μ 很大，即原有企业的人员众多，新进企业为了不必支付运费就可以向原有企业的员工提供产品，则很可能会放弃线段的中点而选择靠近 r 点，甚至就选择在 r 点处。

（3）如果 r 点本就很靠近线段的中点，在其他条件既定的情况下，新进企业更容易选择靠近 r 点，如果 r 点本身就在线段中点上，则新进企业必然会选择线段中点作为厂址。

（4）如果 r 点的初始位置偏离线段中点许多，即比如在线段的某一个端点附近，那么除非 μ 极大，否则新进企业不会选择在该点设厂生产，虽然 r 点的集中的消费者肯定会使他的地理位置发生一定程度的偏离（不会在线段的中点）。偏离的程度与 μ 的大小正相关，此时非常近似于 r 点产生了一种"引力"——新进企业被吸引，但却没有被"俘获"。

图 1-1　企业的位置选择

以下参考藤田昌久等，以运输成本最小化为目标，探讨在什么样的情况下，集聚（即新进企业选择原有企业集聚地 r）是一个均衡。

如图 1-2 所示，假定其他制造企业都集聚在 r 处，若一个新进企业想将厂址选择在地区 s 处，他的总运输成本分为两个部分：销售产品给农民的成本与销售给原有企业员工的运输成本。

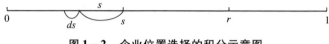

图 1 - 2   企业位置选择的积分示意图

1.2.1 销售给农民的运输成本

如图 1 - 2 所示，做积分，有：

$$TC_{农} = \int_0^s \tau s(1 - \mu)\,\mathrm{d}s = \frac{s^2 \tau}{2}(1 - \mu) \qquad (1-4)$$

其中，τ 为 1 单位产品的单位距离运输成本，s 为新进企业距端点 0 的距离。

1.2.2 销售给原有企业员工的运输成本

如图 1 - 2 所示，销售给原企业员工的运输成本为：

$$TC_{企} = \mu |r - s| \qquad (1-5)$$

综合以上两种运输成本，则总的运输成本为：

$$TC = \tau\left\{\frac{1-\mu}{2}\left[s^2 + (1-s)^2\right] + \mu|r - s|\right\} \qquad (1-6)$$

如前述分析，s 是否与 r 重合与参数 μ、r 的值有关。克鲁格曼曾为此模型赋值并模拟。比如，在 $\mu = 1/3$，$r = 0.4$ 时，即城市（原企业集聚地）位于线段偏左的位置时，$s = r = 0.4$，即新进企业的位置应该设在原有企业集聚的地方。在以上所给出的参数条件下由于新进的企业会选择在原有的城市所在地，所以位于 $r = 0.4$ 的城市是一个均衡的地理位置。通过模拟证明，除了 r 过大或过小（比如小于 0.2 或大于 0.8，这意味着 r 非常接近或左或右两个端点）的情况外，新进的厂商的选址与原有企业的集聚地是重合的。以上的结论有两个层面的含义：第一，原有集聚地（城市地区）的数量大、密度高的消费者会吸引新进企业在该地区建厂，这是一种"形成效应"。第二，新进企业在原集聚地设厂的选择与原有企业不离开该地在本质上是同一个原因。所以，另一层含义是原有集聚地具有"锁定效应"，使城市地区得以维持。

在以上的分析中，考虑到的是新进企业在位置选择的过程中是如何受到原有企业集聚的影响的。进一步思考，在规模经济的假定下，由于固定成本的投入，企业的数量会受限；而在运输成本存在的情况下，企业只能服务于有限区域，即有使企业数量增加的倾向。想象一下，如果只有规模经济而无运输成本，在完全竞争的假定下，只会存在一个企业；而如果没有规模经济却存在运输成本，则会出现无数个小规模企业，各自服务于极其有限的地区。那么，企业的数量是不是在规模经济与运输成本的共同作用下决定的呢？如果是，那么微观机理又是怎样的呢？现以一个企业的视角来分析此问题。假定一个企业的产品可以供给两个区域，其中，供给自身所在区域的消费者不需要支付运输成本，而销售到另一个区域则需要支付运输成本，那么企业的决策者会怎样选择呢？是选择长期为另一个区域的销售支付运输费用，还是在另一个区域再设置一个新厂，当地生产当地销售（不必再支付运费）？如果建厂需投入的固定成本为 α，而需要支付的运输成本为 T，那么，决策者在追求建设成本与运输成本之和最小化以获取利润最大化的驱动下，会做如下选择：当 $2\alpha < \alpha + T$ 时，即 $\alpha < T$ 时，决策者会选择建设新厂从而规避运输成本，此时在两个区域分别建厂，当地生产当地销售；相

反，如果 $\alpha > T$，则会选择支付运费而并不设立新厂，此时只在一个地区投资设厂，将产品供给两个地区（其中一个需要支付运费）反而可以节约成本。综上所述，在固定成本既定的情况下，较低的运输成本易导致资源（企业）集中，而较高的运输成本更易导致分散。此结论与之前的结论的区别在于，之前假定不存在规模经济，所以只要存在运输成本便会绝对的分散，而此处假定规模经济存在，分散与否便取决于运输成本与固定成本的相对大小。

1.3 新城市出现的条件

以上是以一个企业决策者的视角，分析一个企业是否会在利润最大化的目标下建立新的企业。如果考虑到以上的分析方式与决策标准对每一个企业都适用的话，我们则拥有更加宏观的视角：当众多企业选择建立新厂时，一个新的制造业集聚地将出现，最后则会形成一个新的城市。以下建立模型探讨在运输成本与规模经济共存的情况下（现实的情况就是如此），一个新的城市将在何种条件下出现。

假定人口分布在一条线段上，线段的中心是城市（企业集聚地），而中心的两边是农民，农民均匀地分布在线段上。如图 1 - 3 所示，线段的 0 点是城市所在地，右边农民从 0 点至 S 点均匀分布，农民在线段上分布的密度为 d，单位运输成本为 τ。注意在此处忽略线段中心的左侧并不会影响分析结果。如图，如果企业决策者意图减少运输成本，那么就应该在 0 至 S 间建设一个新工厂，比如建在 s

处，本着运输成本最小化的目标，此时从 s 点到右端 S 点之间的消费者以及 s 点向左 $s/2$ 范围内的消费者将全部由新建立的企业提供产品，而 0 点至 $s/2$ 范围内仍将由原来的企业负责提供产品。可知，如果新建立企业，一定会使运输的平均距离缩短，即运输成本将会降低；但是，如果建立新的企业，将必须一次性支出固定成本 F。所以，是否建立新企业将取决于运输成本降低的数量与固定成本支出之间的比较与权衡，如果前者大于后者，则新建企业是明智的，反之则不然。以下进行比较，分三个步骤分析此过程。

图 1 – 3　新城市的形成

1.3.1　原有运输成本的大小

当只有一个企业在 0 点时，0 点右端直至 S 点的消费者都由原企业供给，作积分可得总运输成本为：

$$TC = \int_0^S (s\tau d)\, ds = \frac{\tau d S^2}{2} \tag{1-7}$$

1.3.2　建立新企业后的运输成本

如果建立新企业，为了使运输成本最小化，应该选择在线段上的哪一点呢？假定选择在 s 点，则总的运输成本可表示为：

$$TC = \int_0^{\frac{s}{2}} (s\tau d)\, ds + \int_0^{\frac{s}{2}} (s\tau d)\, ds + \int_0^{S-s} (s\tau d)\, ds$$

$$= \tau d \left[\frac{s^2}{4} + \frac{(S-s)^2}{2} \right] \tag{1-8}$$

为了找到使上式运输成本最小化的 s 点，求一阶条件，可得 $s = \frac{2}{3}S$，也就是，如果要建立新厂，那么应该建立在距原城市 $\frac{2}{3}S$ 处。将 $s = \frac{2}{3}S$ 代入，可得此时的运输成本为：

$$TC = \frac{1}{6}\tau d S^2 \tag{1-9}$$

1.3.3 运输成本与固定成本的权衡

由前两个步骤可得，建立新厂导致的运输成本的节省数量为：

$$\Delta TC = \frac{\tau d S^2}{2} - \frac{\tau d S^2}{6} = \frac{\tau d S^2}{3} \tag{1-10}$$

如果有 $F < \frac{\tau d S^2}{3}$，即运输成本的节省数量大于固定资本投入时，决策者就会选择建新厂，新厂的地址将在距城市（也是原企业所在地）$\frac{2}{3}S$ 处。可将上述条件做如下讨论：第一，固定成本越小的企业越容易满足上述不等式，这也是为什么简单制造或加工行业的企业数量众多的原因；而需要大规模投入的企业（如整车制造业）则不会轻易建立分厂，因为 F 较大而难以满足以上不等式。第二，如果运输成本比较高，即 τ 较大，那么企业更倾向于另建新厂以减少运输成本。此处可做一个假设，如果 τ 极大的话，则上述不等式一定会满足，新企业则一定会被建立。这一结论可以在不同空间尺度下适用，此处暂不讨论。第三，人口密度越大，不等式越易满足，

即人口密集的地区更易出现新企业，新企业与原企业间的距离也更近。第四，如果区域足够广阔的话，即 S 足够大的话，新的企业则必然会出现。

必须意识到的是，以上的企业建立新的分厂的情况不应该被孤立地看待，否则会得到这样的结论：由于不同行业的企业所需要投入的固定成本差异很大，所以以上不等式条件的满足情况并不相同，在空间上的表现则是不同的行业的企业在不同的地点建立新厂，如这样的话则仍然是一种分散的样态，并不能形成新的城市。得出以上结论的原因是，孤立地看待不同企业的行为，没有意识到企业间选址行为的互相影响与作用。比如，一个大型的钢铁企业在距原企业一定距离处建立了一个新企业，由于其为数众多的员工（现实中可能有数万甚至更多）集聚在企业中（即模型中线段上的一点），已经改变了人口在空间上的均匀分布状态，其巨大的"消费者引力"会使得其他企业在选址建设新厂时向他靠拢，很可能就是与之重合，当然，这同时也是在使运输成本最小化的过程中做出的选择。如果将以上的不等式做一个变形，可以得到 $S > \sqrt{\dfrac{3F}{\tau d}}$。这又给出了另一个解释该条件的视角，即当人口分布的边界，或者说农业的边界超过一定的值时，企业又会建立新的工厂，随着时间的推移，其他企业的新厂也纷至沓来，最后会形成一个新的城市。从以上不等式所体现的条件中可以看出，城市间的距离与 F 正相关，当 F 增加时，城市间的距离也会增加。城市间的距离的大小间接地反映了固定成本的大小，从而可以用其来概略地测度规模经济在城市形成中的重要性。动态地看，如果运输成本持续降低而其他条件不变的话，条件 $F < \dfrac{\tau dS^2}{3}$ 则更加不易满足，建设新厂就会愈发成为不经济的选择，这意味着，一个企业将会满足更加广阔的空间上的消费者，从而企业规模也会相应扩大，而小规模生产的企业因为缺乏规模经济效应则相应更加难以维持。也就是说，运输成本的降低推动了市场规模的扩大，而市场规模的扩大导致企业的规模扩大，企业的数量随之变少（就一个行业而言）。贝洛赫（Bairoch，1997）曾以钢铁行业为例证实了上述观点。

1.4　小　　结

以上的分析说明，企业的决策者会面临如下的空间选择问题：从远方的原有工厂供给当地消费者还是在当地另建新厂。当运输成本很高或工厂的规模经济很显著的情况下（抑或是运输成本与规模经济同时显著），如何选择则变得很重要。所以，规模报酬递增与正的运输成本是空间经济理论的重要基础。

以上的所有分析都揭示了这样一个逻辑，即在不考虑"第一自然属性"①差异的前提下，只用纯经济学机制去分析问题的话，（包括城市在内的）集聚形式必须在规模经济的前提下才能实现（此处与上文所提到的规模经济是厂商层面上的，属报酬递增的一种形式）。在不存在规模经济的前提下，完全竞争、运输成本为正与贸

---

① 一般地，将自然资源的不均衡分布、气候差异、是否临近海岸和河流（对交通成本产生影响）等条件称为第一自然属性；将改进第一自然属性的人类生产活动的产物称为第二自然属性。

易是不可共存的。所以，在考虑集聚的成因时，必须摒弃规模报酬不变的思想。在本章，基本只考虑到了企业层面的报酬递增，即规模经济。但是，自马歇尔（Marshall）时代以来，外部性就被认为也是经济集聚形成的关键因素，所以在第 2 章中将探讨外部性，即"外部规模经济"对城市形成的重要作用。

第 2 章

外部规模报酬递增
与城市尺度的经济集聚

对于企业来说，规模经济既存在于内部也存在于外部。内部规模经济是企业层面的，在许多部门中都存在。事实上，内部规模经济已经不限于工业，一些商业部门与公共服务部门（如学校与医疗机构）都有较明显的内部规模经济，由于庞大且有效的投资，约束企业将生产行为限定在少数的工厂中。在内部规模经济的假定中，将企业倾向于集聚的原因只归结为想近距离接触对方的员工（作为消费者），这是不够的。关于城市层面的集聚，或城市中心区的存在，另一个重要的解释是外部规模报酬递增，或称为外部规模经济，本质上源于存在运输成本条件下的市场规模效应（克鲁格曼，2017）。这些规模效应对企业来说是外部的，是追求利益最大化的经济主体的一系列决策所产生的无意识的结果。一般认为，外部规模经济只有在就业密度非常高的区域才会发生作用。

在传统的城市经济学模型对地租的讨论中，虽假设各区位之间的土地没有物理上的差别，但却会假定事先存在一个城市或中央商务区，从而地租上的差别在于每一区位与土地使用的外延边际相比的比较优势，而这是由该区位距离城市或中央商务区的距离决定的，这就从根本上推翻了空间均质的假定。所以问题的关键成了为什么城市或中央商务区会存在？或者说，为什么城市这一尺度下的集聚会实现？关于城市的存在原因，一个标准的解释是"马歇尔外部性"，即集聚形成的外部性包括专业化投入品供应的便利性、专业化劳动力的可获得性与面对面交流而产生的新思想。长期以来，相对于对城市外部性度量的进展，关于外部规模报酬递增导致集聚的机制解释却类似于黑箱，缺乏微观基础存在。但是，自迪克西特和斯蒂格利茨（Dixit & Stiglitz，1977）开拓性地建立了垄断竞争模型后，出现了众多研究外部规模报酬递增导致集聚产生的文献，该类文献使用标准的微观经济学分析方法，基本上可以分为三个学术流派——分享、匹配与学习机制。

2.1 分享机制导致城市层面集聚的机理分析

一般来说，一个更大的市场所在地，如一个大都市能够提供更多种类的公共设施、中间产品与最终产品，这都将促进更加细化且合理的分工模式形成。具体来说，分享可导致城市层面集聚的机制可以描述为：更大的市场（如一个大都市，由集聚所产生的经济活动的密度增加）可以提供更多的中间产品与公共设施，而由更多样的中间产品（包括服务类产品）所导致的最终部门生产力增强会使工资水平上涨，从而吸引更多企业与劳动力，形成集聚的因果循环。埃蒂尔（Ethier，1982）将这一经济学思想——更多样化的中间投入品会增加最终部门的生产力，写成了模型。

假设最终生产部门生产同质产品，并用一个单一企业来表示最终部门，竞争性企业的生产函数被设定为：

$$X = \left(\int_0^M q_i^\rho \, di \right)^{\frac{1}{\rho}} \qquad (2-1)$$

其中，X 是企业的最终产出，q_i 是编号为 i 的中间投入品，$0 < \rho < 1$，M 是城市中所能得到的中间产品的种类数，以连续体的形式出现。在给定专业化投入 q_i 的种类数 M 时，他是规模报酬不变的。可以用如下方法证明这一点：将 q_i 用 nq_i 代替，将 n 提取至积分符号之外，原产量 X 增加为 nX，即最终产出随投入的增加而同比例增加，即相对于中间产品的投入数量来说，最终产品的生产函数是规模报酬不变的。如果假定所有中间产品价格相同（并不会影响结论），都为 $\bar{p}$，令 E 为企业购买中间产品的投入大小，则可以计算得到 $q_i = \dfrac{E}{M\bar{P}}$。将其代入最终产品的生产函数中，可解得：

$$X = \frac{EM^{\frac{1-\rho}{\rho}}}{\bar{p}} \qquad (2-2)$$

分析式（2-2）可知，因为 $0 < \rho < 1$，所以产量 X 将随着中间产品种类数 M 的增加而严格递增，且 ρ 越小，即中间产品之间的替代程度越低，这一递增效应就越显著。这一表达式得出的结论是有些"反直觉"的，即在中间产品的总支出不变的情况下，仅仅依靠投入品的种类的增加就会使得最终产品的产量增加！这契合了"接近更大范围的中间产品和服务会增强最终生产部门的生产力"的观点。生产同一种最终产品，使用更多种类的中间产品的本质是分工更为细化，这里的分工细化可以分解成两个层面解读：第一，投入更多种类的中间产品意味着最终产品的生产企业将更多工作外包，

也就是更加市场化，这本身就是分工更细化的体现；第二，使用更多种类的中间产品同时也意味着生产工艺的细化，这是技术层面的，但本质也是分工的细化①。式（2-2）中，ρ 越小，这一递增效应就越明显的原因可以这样解释：ρ 与中间产品之间的替代弹性正相关 $\left(\sigma = \dfrac{1}{1-\rho}, \sigma\ \text{为替代弹性}\right)$，其越小意味着此类最终产品的中间投入品之间越缺乏互相替代的能力，也就是说，每一种都更有必要出现在生产投入中，这样的话，能够提供更多中间投入品种类的集聚地区（如城市）就显得更加重要。

以上述为基础，藤田昌久等继续考虑一个单中心的城市，此城市中有中间产品与最终产品生产两个部门，前者为后者提供生产投入。最终产品的生产函数仍如前，中间产品的生产函数将在下文设定。两个部门均在城市的集聚中心，城中的劳动力总量为 N，每个劳动力拥有一单位的劳动。现假定第 i 种中间产品生产的成本函数如下：

$$l_i = f + cq_i \qquad (2-3)$$

其中，l_i 是生产数量为 q_i 的第 i 种中间投入品所需要的劳动力总量，c 是以劳动来表示的边际成本，f 为固定成本（如厂房或生产线的建造或研发的投入），因为存在 f，该产品的生产技术存在报酬递增（企业层面的规模经济），在此处，由于固定成本的存在，已经初步地提示出为什么只有在集聚地区（城市）才能存在大量的中间产品的制造企业——必须有密集的购买力才能分散固定成本。继续令 w 为城市中工资率水平（假定都一致），p_i 表示中间产品 i 的价

---

① 类似于流水线的工位的增加，因为在一个企业的内部，所以只涉及技术层面的改进，但其实质是分工的细化。

格，将最终产品的价格标准化为1，则最终产品生产者的利润可以表示为：

$$X - \int_0^M (p_i q_i)\,\mathrm{d}i \qquad (2-4)$$

将 $X = (\int_0^M q_i^\rho \mathrm{d}i)^{\frac{1}{\rho}}$ 代入，分两步来解决问题。

第一，不论 X 是多少，都必须选定每一个 q_i，使得获得 X 的成本最低。这要解决下面方程最小化的问题：

$$\min \int_0^M (p_i q_i)\,\mathrm{d}i \quad \text{s. t.} \quad X = (\int_0^M q_i^\rho \mathrm{d}i)^{\frac{1}{\rho}}$$

第二，解决这个支出最小化问题的一阶条件是边际替代率等于价格比率①，即 $\dfrac{q_i^{\rho-1}}{q_j^{\rho-1}} = \dfrac{p_i}{p_j}$，对任意一组 i 和 j，都有 $q_i = q_j \left(\dfrac{p_j}{p_i}\right)^{\frac{1}{(1-\rho)}}$，将其代入最小化问题的约束条件 $X = (\int_0^M q_i^\rho \mathrm{d}i)^{\frac{1}{\rho}}$。再将公共项 $q_j p_j^{\frac{1}{(1-\rho)}}$ 放到定积分符号外，得到投入品的需求函数为：

$$q_i^* = X p_i^{-\sigma} p^{\sigma}, \ i \in [0,\ M] \qquad (2-5)$$

总成本函数为：

$$\int_0^M p_i q_i^* \,\mathrm{d}i = PX \qquad (2-6)$$

其中，P 为中间产品部门的综合价格指数，定义如下：

$$P \equiv (\int_0^M p_j^{-(\sigma-1)} \mathrm{d}j)^{-\frac{1}{(\sigma-1)}} \qquad (2-7)$$

其中，σ 是两种类型的投入品之间的替代弹性，$\sigma \equiv \dfrac{1}{1-\rho}$，因为 $0 < \rho < 1$，所以 $\sigma \in (1,\ +\infty)$。将总支出函数代入利润函数中，

———————————

① 此处的计算方法与消费者行为中的两种商品的边际效用之比等于价格比极为相似。

可得利润的表达式为：

$$X - \int_0^M (p_i q_i) \, \mathrm{d}i = X - PX = (1 - P)X \qquad (2-8)$$

由于竞争性的假定，即假定厂商盈利或亏损时可以自由进入或退出，所以有零利润的条件，意味着任何自由厂商所面临的中间产品的均衡价格指数必须满足如下条件：

$$P^* = 1 \qquad (2-9)$$

以以上研究为基础，阿卜杜勒－拉赫曼和藤田（Abdel－Rahman & Fujita，1990）假定中间产品部门的市场结构具有如下特征：第一，每一个企业生产一种中间产品；第二，利润为零，即利润只能够覆盖平均成本。这两个特征的设定依据可以分析如下：第一，由于认为提供中间产品的企业具有规模经济，且最终产品生产企业对差异性中间产品的偏好（因为其产量随着中间产品种类的增多而增加）以及存在很多种潜在差异性中间投入品的原因，所以每一家中间产品企业只选择生产一种中间产品，也就是每一家中间产品企业的产品都与别的企业不同，这赋予了中间产品生产企业一定的垄断性；第二，由于竞争性的假定，即使厂商是按照利润最大化的原则进行生产也无法获得正的利润，加之厂商可以根据盈亏情况自由选择进入或退出，所以利润为零。在这里，阿卜杜勒－拉赫曼和藤田使用的是迪克西特－斯蒂格利茨的垄断竞争模型（以下简称 D－S 模型），用典型最终产品生产企业代替典型的消费者，从而将目标由消费者的效用最大化转变为生产者的产量最大化。在 D－S 模型中，制造业产品的数量是用一个连续体来表示，而在以下模型中，中间产品部门也是以一个企业连续体的形式存在，所以每一个企业都会认为自身的行为不会对整个市场产生影响，从而当企业决定价格时，并不会考虑对最终产品总量（X）与中间产品价格指数（P）的影响。而且，由于中间产品制造企业销售的产品是差异化的，可以说均具备一定的垄断力量，所以其面临的需求曲线是向下倾斜的，且每个企业生产的产品的需求价格弹性都是 σ[①]。企业 i 的利润可以表示为：

$$\pi_r = p_i q_i - w l_i = p_i q_i - w(f + c q_i) \qquad (2-10)$$

根据利润最大化原则，求一阶条件，对于所有中间产品的生产者有：

$$p^* = p_i^* = \frac{cw}{\rho}, \ i \in [0, \ M] \qquad (2-11)$$

其中，p^* 为各个企业的均衡价格，即各典型企业的均衡价格是相等的。为了求得均衡产量与典型企业雇佣的劳动力数量，还要给出另一个条件，即利润为零，即 $\pi_r = p_i q_i - w(f + c q_i) = 0$，则有中间产品部门每个企业的均衡产出：

$$q^* = q_i^* = \frac{f(\sigma - 1)}{c} = \frac{f\rho}{c(1-\rho)} \qquad (2-12)$$

则每个中间产品企业雇佣的均衡劳动力数量：

$$l^* = l_i^* = f + c q_i^* = f\sigma = \frac{f}{1-\rho} \qquad (2-13)$$

从此式中可以看出，由于表达式中并没有出现 N，企业的规模（在这里用企业雇佣的工人数量来代表）与城市内工人总数 N 无关，即企业规模与市场规模是无关的。如前，假定每个工人提供 1 单位的劳动力，城市中劳动力的充分就业的条件是：

---

① 可由中间产品的需求函数形式 $q_i^* = X p_i^{-\sigma} p^\sigma$ 代入需求的价格弹性表达式 $E_d = -\frac{p}{Q} \frac{\mathrm{d}Q}{\mathrm{d}p}$ 中得到。

$$M = \frac{N}{l^*} \qquad\qquad (2-14)$$

将 $l^* = \frac{f}{1-\rho}$ 代入上式，可得：

$$M^* = \frac{N(1-\rho)}{f} \qquad\qquad (2-15)$$

从此式中可以得出，中间产品企业的数量与城市中工人的数量成正比，与固定成本的大小成反比，而且产品间的替代弹性越小（ρ 越小），企业的均衡数量就越大。也就是说，分工细化的程度（这里变现为中间产品企业的数量）受劳动力总规模、固定成本大小、产品差异程度的影响。下面的思路是：更多样的中间产品种类（更大的 M）、更多的人口（更大的 N）的地区是否会对各经济主体（企业和劳动力）更有吸引力？如果的确更有吸引力，就会进一步促成企业和劳动力向该地区流动，从而强化此类地区的特质，形成因果循环机制，该地区会持续集聚并成为城市。以上的思路和分析转化为以下问题：更多的中间产品种类（更大的 M）、更多的人口（更大的 N）会不会导致更大的 X 和更高的 w？联立以上表达式可得：

$$X = \left(\int_0^M q_i^\rho \mathrm{d}i\right)^{\frac{1}{\rho}} = \left[\int_0^M \left(\frac{f\rho}{c(1-\rho)}\right)^\rho \mathrm{d}i\right]^{\frac{1}{\rho}} = \frac{f\rho}{c(1-\rho)} M^{\frac{1}{\rho}}$$

$$(2-16)$$

由 $P \equiv \left[\int_0^M p_j^{-(\sigma-1)} \mathrm{d}j\right]^{-\frac{1}{(\sigma-1)}}$，且 $P^* = 1$，有 $p^* = M^{\frac{1-\rho}{\rho}}$，代入可得：

$$w = \frac{\rho p^*}{c} = \frac{\rho M^{\frac{(1-\rho)}{\rho}}}{c} \qquad\qquad (2-17)$$

在 X 和 N 的表达式中，M 的次数均为正，这意味着该地区的最终生产部门与均衡工资都随着中间产品的种类数增加而增加。最终产品生产部门的产量还可以表示为 $X = \left[f^{\frac{-(1-\rho)}{\rho}} \rho (1-\rho)^{\frac{(1-\rho)}{c}} \right] N^{\frac{1}{\rho}} = AN^{\frac{1}{\rho}}$[①]，由于 $\frac{1}{\rho} > 1$，所以城市总产出相对于劳动力数量（N）来说是报酬递增的，这是在最终产品部门相对于中间产品数量投入是规模报酬不变的前提下得到的[②]。从数学表达上看，结论是确定的，现将具体作用机制分析如下：（1）最终产品的生产关于中间产品的投入数量是规模报酬不变的，但是却随着中间产品的种类数增加而增加。（2）中间产品的企业规模并不随着市场规模或城市规模（N）的变化而变化，即与 N 的大小无关。（3）所以 N 越大则中间产品企业的数量越多，且假定每个企业只生产一种不同于其他企业的产品，则中间产品的种类随着 N 的增加而增加，意味着专业化的水平进一步提高。（4）所以最终产品的产量随着城市规模的扩大而增加。值得的注意的一点是，产出对人口规模的弹性为 $\frac{1}{\rho}$，是与中间企业的固定成本 f 无关，但 A 却是 f 的递减函数，也就是说，当 f 不断减小时，A 会随之增加，总产量 X 增加（即中间企业固定成本减小，而且由以上均衡劳动力数量的表达式 $l^* = \frac{f}{1-\rho}$ 可知，中间品企业雇佣的均衡劳动力规模成正比例减小，从而中间产品的种类数增加，导致 X 增加）。更进一步，式 $X = \left[f^{\frac{-(1-\rho)}{\rho}} \rho (1-\rho)^{\frac{(1-\rho)}{c}} \right] N^{\frac{1}{\rho}} =$

---

① 此处令 $A = \left[f^{\frac{-(1-\rho)}{\rho}} \rho (1-\rho)^{\frac{(1-\rho)}{\rho}} \right]$

② 可以用如下方法证明这一点：将 q_i 用 nq_i 代替，将 n 提取至积分符号之外，原产量 X 增加为 nX，即最终产出随投入的增加而同比例增加，即相对于中间产品的投入数量来说，最终产品的生产函数是规模报酬不变的。

$AN^{\frac{1}{\rho}}$ 提示我们，有两个方向能够使 X 增加，一个是 A 的增加，另一个是 N 的增加。在这里，我们要考虑到一个类似于"非黑洞条件"①数学关系，即劳动力的边际产出随着 N 的增加而增加，但边际生产率却随着 N 增加而下降更为合理，否则会有"过量"的劳动力集中在城市之中，形成"黑洞"。劳动力的边际产出随 N 的增加而增加的结论非常明显，无须证明。以下求出边际生产率随着 N 增加而下降的约束条件。劳动的边际生产率可表示为：

$$MPL_X = \frac{\partial\left(\frac{\partial x}{\partial N}\right)}{\partial N} = A\frac{1-\rho}{\rho^2}N^{\frac{1-2\rho}{\rho}} \qquad (2-18)$$

如要求边际生产率随着 N 增加而下降，必须有 $\frac{1-2\rho}{\rho}<0$，即 $\rho>\frac{1}{2}$。当此条件成立时，即可保证城市层面上的规模经济会存在，又不会导致过度集中。

均衡的工资率为城市的总产出除以总的劳动力数量（已默认最终产品的价格为 1），即：

$$w^* = \frac{AN^{\frac{1}{\rho}}}{N} = AN^{\frac{1-\rho}{\rho}} \qquad (2-19)$$

可见，与城市最终产品企业的特质相同，均衡工资也是关于 N 递增的，工资相对于 N 的增长速度为 $v_w = \frac{\partial w}{\partial N} = A\frac{(1-\rho)}{\rho}N^{\frac{(1-2\rho)}{\rho}}$，也就是，当 $\rho>\frac{1}{2}$ 时，工资的增长速率是递减的。

以上模型的主体部分证明了，无论是城市中唯一的最终产品企

---

① 关于非黑洞条件，后文有详细讨论。

业（城市企业）的产量，还是城市中劳动力的工资率，都随着人口的增多而增加，这在分享的层面上解释了人口集聚、城市形成的逻辑。即一个存在更多劳动力的城市会拥有更多的中间产品种类，更高的最终产品企业的产量，和更高的工资水平。该模型基于亚当·斯密（Adam Smith）的"古老"思想——充分细化的分工带来效率的提高，进一步，在考虑到空间维度时，充分的分工要求企业、工人们彼此之间更加接近，这便产生了地理意义上更高的分布密度从而形成了城市形态的地理特征。必须认识到，以上的模型分析是启发式的，如果与现实进行对比，则会发现其还不够完整。最重要的缺失是，该模型虽然证明了集聚的发生机理，即高密度的地区会拥有更高的产量、更高的工资率，从而导致城市形成，但并没有进一步探讨该集聚约束机制究竟为何？也就是说，并没有解释现实中城市的规模为什么是有限的。这是一个自然而然会引发的问题，既然集聚是有效率的，为什么不无限制地集聚下去呢？从这一视角看，城市规模的决定并不是独立于（城市尺度）集聚机理以外的问题。关于城市规模的有限性，模型中有所限定，即前文中的边际生产力的增加速度是递减的 $\left(\rho > \dfrac{1}{2}\right)$，但是，即使是递减的，也仍然能保持为正，所以让集聚规模有限度的一定是在集聚过程中同时出现的负效应，这种负效应作为离心力而存在，当集聚的边际正效应衰减到与边际负效应相等时，此时的城市规模（代表着集聚程度）即处在动态均衡中①。集聚过程中所产生的负效应部分是来自空间的：城市的集聚水平的增加，城市地租上涨，导致城市中心居住者的居住

---

① 随着城市的产业结构、交通条件、信息传递技术等方面的改变，最优规模处在变化中。如产业结构的变化在模型中就会体现为边际正效应的增加。

面积狭小，生活舒适度下降；其他城市居民的居住区向外围延伸，导致通勤成本不断增加。需要明确的是，这里的通勤成本分为显性与隐性两部分，显性通勤成本来自交通费用的支出，而隐性成本由通勤的时间成本及通勤过程中的辛苦感受构成。

关于城市层面的集聚机制，近年来涌现了一些高水平的实证研究。其中，以格莱泽（Glaeser）的研究较有代表性，格莱泽（2009）以美国城市的经济集聚为例，提供了包括"分享"在内的集聚机制的一些证据。此外，由于分享，公共服务与基础设施的成本被分摊，由此产生的规模效应使大城市能够提供更好的生活品质，所以，相当一部分群体向大城市流动并不是出于对收入的考量（Xing & Zhang，2017），也就是说，分享对于人口集聚的作用机制并不限于经济层面，但是，相对于更高水平的公共服务与设施，收入和就业等经济原因仍然是更具决定性的集聚因素（夏怡然等，2015；Combes et al.，2020）。

本节关于分享机制的建模中，所有中间产品企业的成本函数都设置为同一形式，没有对中间产品进行区分，也没有区分劳动力的异质性。但是，不同种类的中间产品生产企业所需要的劳动力是不同的，而劳动力之间的个体差异也是客观存在的。如果考虑到不同中间产品企业与差异劳动力之间的对应匹配关系，城市尺度的集聚则有另外一种思路——匹配机制。

2.2　匹配机制导致城市层面集聚的机理分析

在 2.1 节中，分享机制所依赖的思想基础是分工所产生的效率提升。在现实中，分工的基础与依据是劳动者在技能方面的差异（劳动力的异质性），而这一点在分享机制的理论推导中却没有被表达。如果考虑到工人的异质性，他们各自擅长不同的工作，且市场中同时存在生产不同产品、需要不同类型劳动力的企业，那么就像消费者在空间上的分布会影响生产者的位置一样，异质性劳动力与企业通过雇佣关系也会影响双方的空间位置，劳动力与企业的相互作用关系会在空间上形成投射。从劳动力市场匹配的视角，关于城市尺度下的集聚机理研究则有了另一种路径。以下是对赫尔斯利和斯特兰奇（Helsley & Strange，1990）在此方面的模型的解读。

假定存在一个单中心城市，在中央商务区（CBD），存在 M 个企业。此处，假定企业以一个既定的市场价格销售产品，也就是将产品价格标准化为 1，作为了计价物。不同的企业需要不同类型的劳动力，企业的特征用其生产特点来定义，而其生产特点则由其所需要的劳动力的技能类型情况来描述。在数学表达上，企业 i 需要的技能类型 r_i 属于技能集合（r_1，r_2，$\cdots$，r_M），与上一节相同，仍然假定企业的生产对于投入数量来说是规模报酬不变的。

假定异质性劳动力的连续体大小是 N，每个劳动力提供一单位的劳动，每个工人所掌握的技能都与其他人不同。用直观的方式表示技能在空间上的分布：用一个单位圆①来表示技能的空间存在集合，所有种类的技能连续地均匀分布在这个单位圆中，由于该圆的周长为 1，所以技能的分布密度就为 N（N 越大则意味着该地区的

---

① 此处，赫尔斯利和斯特兰奇所设定的单位圆指的是圆的周长为 1，而不是通常解析几何中认为的半径为 1，否则无法理解下文中两个相邻企业之间的距离。

集聚程度越高，接下来的思路便是论证企业与员工的利益都随着 N 的增大而增大）。假定企业也均匀分布在单位圆上，由于企业的数量为 M，圆周长为 1，所以相邻两个企业间的距离为 $1/M$。需要注意，由于工人的技能是异质的，工人的技能与企业所需要的技能存在一个匹配的过程，如果企业 i 雇佣的一个工人的技能与其所需的技能 r_i 并不相同，则这个工人就必须接受培训以掌握技能 r_i。培训需要成本，其大小是企业所需技能 r_i 与工人技能 r 之间差的函数：

$s|r-r_i|$，s 是一个参数，大于 0，度量的是弥补一单位的企业与工人之间的技能差所需支付的成本。注意，此处的培训支出成本需要劳动者个人承担，在此基础上才能够理解接下来的"净工资收入"①。当一个工人接受了相关培训后，其技能已符合雇主的技能要求，其所拥有的生产能力为 α 单位产品，也就是他能够为现雇主生产的产品数量为 α。以企业 i 为例，他会为符合其技能要求、并有意愿为其工作的工人支付相同的工资水平；对于任意一个工人，不同的企业所需的技能与其自身技能的差距均不相同，意味着他为不同企业工作要支付不同的培训费用，工人将会选择净工资收入最高的企业，在此企业工作，所获得的工资收入减去培训费用的差值为最大。

在该模型中，企业的用人标准是一致的，以企业 i 为例，标准包括两个方面：要求工人必须具备技能 r_i 并为符合要求的工人提供相同

---

① "需要工人自身承担培训成本"的假设看似有些令人费解，因为现实中往往是企业承担相关费用。但是现实中观察到的、由企业承担的相关培训费用往往只是"显性成本"，即给予培训方的费用。但是，时间、精力等隐形成本却还需要员工个人承担，即使是带薪培训也是如此，比如，"学徒"的工资要远低于具有多年工作经验的员工。

的工资水平。这一统一标准意味着企业会雇佣所有符合技能要求的工人，因此，真正的选择和权衡其实是工人做出的。下面考虑一个典型企业 i 的雇佣情况、利润水平与提供的工资水平。如图 2-1 所示，企业 i 处在圆周上 i 点出，所能提供的工资是 w_i；其左侧是企业 $i-1$，右侧为企业 $i+1$，提供的工资分别为 w_{i-1} 与 w_{i+1}。现在判断企业 i 能在怎样的空间范围内雇佣到工人。

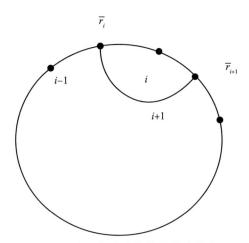

图 2-1 企业与个人技能的单位圆分配

如图 2-1，假定企业 i 所能雇佣到的工人的上边界为 r_i'，r_i' 介于 r_{i-1} 与 r_i 之间①；下边界为 r_{i+1}'，介于 r_i 与 r_{i+1} 之间。在均衡时，位于 r_i' 的工人加入 i 企业与加入 $i-1$ 企业所得到的净工资是相等的，这也意味着 r_i' 左侧的工人加入企业 $i-1$ 会优于加入企业 i，r_i' 右侧的

---

① 企业 i 可供选择的工人范围的上边界必然在 r_{i-1} 与 r_i 之间的原因，或者说 r_{i-1} 的左侧的工人不会选择企业 i 的原因是，分布在 r_{i-1} 左侧的工人的技能与企业 i 的技能相差较大，相比加入企业 $i-1$，加入企业 i 的培训支出成本过高。下边界 r_{i-1}' 的选择范围原因同上。

工人加入企业 i 会优于加入企业 $i-1$，所以实现了均衡状态。假定企业 i 清楚其他企业的用工需求（知道其他企业的工资水平）和培训的成本函数（知道 s 的大小），便能够确定用工范围的上边界 r_i' 与下边界 r_{i+1}'。将"在均衡时，位于 r_i' 的工人加入 i 企业与加入 $i-1$ 企业所得到的净工资是相等的"这一文字结论转化为数学语言，可得如下方程：

$$w_i - s(r_i - r_i') = w_{i-1} - s(r_i' - r_{i-1}) \qquad (2-20)$$

可解得：

$$r_i' = \frac{w_{i-1} - w_i + s(r_i + r_{i-1})}{2s} \qquad (2-21)$$

企业 i 能够吸引 $(r_i', r_i]$ 区间内的技能类型的人才，这一点可以这样理解：r_i' 点处的工人选择企业 i 和企业 $i-1$ 所能获得的净工资是一样的，所以 r_i' 右侧的工人如果选择企业 i 所能获得的净工资就会更高（因为更接近，技能差异更小，所需付出的培训成本更小，而总工资是不变的）；而 r_i' 左侧的工人选择企业 $i-1$ 所能获得的净工资则会更高，原理同上。现在确定下边界，在均衡时，位于 r_{i+1}' 点的工人选择加入企业 i 和企业 $i+1$ 所能获得的净工资是相等的，表达如下：

$$w_i - s(r_{i+1}' - r_i) = w_{i+1} - s(r_{i+1} - r_{i+1}') \qquad (2-22)$$

可解得：

$$r_{i+1}' = \frac{w_i - w_{i+1} + s(r_i + r_{i+1})}{2s} \qquad (2-23)$$

企业 i 也能够吸引 $[r_i, r_{i+1}')$ 技能区域中的工人，道理同上不再赘述。综上，企业 i 的可选的工人储备区域是 (r_i', r_{i+1}')。

必须认识到的是，对于工人来说，工资的变化幅度是工资变化数量与净工资的比值，由于净工资相对较小，所以在其他条件不变的情况下，同样的工资变化量将引起更大的上涨幅度。更重要的是，从式（2-21）和式（2-23）可得出，在其他条件不变的情况下，企业 i 的劳动力储备边界是随着其能够提供的工资水平的增长而拓展的，也就是说，与相邻企业的工资差（如 $w_i - w_{i+1}$）的增大会使更多工人愿意加入企业 i。这一效应的大小决定于以下两方面：（1）如果劳动力市场密度较高（意味着单位圆弧上有更多工人），边界拓展同样的长度将会有更多工人有意愿加入工资上涨的企业；（2）如果企业数量众多，在单位圆上的分布密度高，那么 w_i 与 w_{i-1}（或 w_i 与 w_{i+1}）的差异将更小[①]，w_i 的一点变动可能就会打破工人的选择上的均衡状态。以上的两点都提示我们，在一个劳动力密度和企业密度都更高的地区，工人对工资的变动会更加敏感，这意味着在雇佣劳动力方面，企业的垄断性质较弱。

进一步，企业的利润由下式表达：

$$\pi_i = TR - TC = \int_{r'_i}^{r'_{i+1}} N(\alpha - w_i)\,\mathrm{d}r - f$$

$$= N(\alpha - w_i)(r'_{i+1} - r'_i) - f \qquad (2-24)$$

在利润函数的表达上，笔者在此处对赫尔斯利和斯特兰奇的原模型做了一点改动：将企业的固定成本 f 直接写入利润函数[②]。

α 是每个工人能够为企业生产的产品数量，N 是圆弧上工人的密度（因为圆的周长设定为 1，所以 N 既是工人总数量也是分布密度），w_i 是工资率（此处也可以理解为用工成本），将雇佣单位劳动

---

① 如果企业数量众多，r_i 与 r_{i+1} 会更接近，从而 $(r'_{i+1} - r_i)$ 更接近于零，同理 $(r_{i+1} - r'_{i+1})$ 也更接近于零，从编号式子中可得出，w_i 与 w_{i+1} 更接近相等。

② 赫尔斯利和斯特兰奇（1990）的原模型中的利润函数中没有减去固定成本 f，以至于在后面使用零利润条件求解企业数量时易使读者产生费解。

力的收益与成本之差在区间 (r'_i, r'_{i+1}) 上积分,便得到上式。将式 (2-24) 对 w_i 求一阶条件,并与其他方程联立如下:

$$\frac{\partial \pi_i}{\partial w_i} = N(r'_i - r'_{i+1}) + N(\alpha - w_i)\left(\frac{\partial r'_{i+1}}{\partial w_i} - \frac{\partial r'_i}{\partial w_i}\right) = 0 \quad (2-25)$$

$$\begin{cases} w_i - s(r_i - r'_i) = w_{i-1} - s(r'_i - r_{i-1}) & (2-26) \\ w_i - s(r'_{i+1} - r_i) = w_{i+1} - s(r_{i+1} - r'_{i+1}) & (2-27) \\ r_{i+1} - r_i = 1/M^① & (2-28) \end{cases}$$

假定每个企业都提供相同的均衡工资水平,可解得典型企业的均衡工资水平为:

$$w^* = \alpha - \frac{s}{M} \quad (2-29)$$

就式 (2-29) 看,随着 M 的增大,均衡的工资水平会增加,即在一个面积一定的区域中,如果有更多的企业(意味着密度的增大)竞争,就会使均衡工资上涨。工资上涨的动力来自两个方面。第一,匹配程度提高。在单位圆的周长不变的前提下,企业数量增加,企业间的空间距离在变小,这意味着"依附"在企业周围的工人的技能特点与企业要求的差距在缩小(从相反的视角去看,也相当于更多地需要差异性技能的企业去迎合不同的技能供给者),亦即 $s|r - r_i|$ 的值变小。这里可以做一个极端的假设,当企业数量极大时,$|r - r_i|$ 的值接近于零,那么,工人的净工资将无限接近总工资,或者说,极限的情况是无须培训即可入职工作。第二,M 增加,工人对工资的细微差别也能够感知到。在单位圆上,如果企业分布密集,居于其间的劳动者想要改换门庭是很容易的,因为劳动

---

① $(r^{i+1} - r_i)$ 为两个企业之间的距离,由于圆的周长为 1,企业数量为 M,所以邻近的企业间的距离为 $1/M$。

技能差异很小，所以压力来到企业这边——企业的垄断力量更小，企业的利润接近零。

将均衡工资的解代入利润函数，并令其为零，可解得：

$$M^* = \sqrt{\frac{sN}{f}} \qquad\qquad (2-30)$$

在此处的求解过程中的关键是要知道利润函数式中的 $(r'_{i+1} - r'_i)$ 项等于 $1/M$。这是因为在赫尔斯利和斯特兰奇的模型设定中，并没有区分各企业间的等级（虽然强调了产品与所需技能的差异），所以，在有各企业均衡工资相同的结论时，每个企业的劳动力储备的区间的大小应该是相同的（每个区间占有单位圆的 $1/M$），即有：$r'_{i+1} - r'_i = \dfrac{1}{M}$, $i \in (1, M)$。

求得了企业的数量，便可得每个企业所雇佣的劳动力数量为：

$$l^* = l_i = \frac{N}{M^*} = \sqrt{\frac{Nf}{s}} \qquad\qquad (2-31)$$

这便是企业规模的体现，很明显，其随着总工人的数量的增加而增加。（与前一节的模型中，企业规模独立于人口数量有重要不同）。与上一节的模型不同，本节的模型中并没有设定城市的生产函数形式，但可从逻辑上得出：城市的总产出增加值等于所有工人的产出减去工人为了增进技能而支付的培训成本（如果考虑到培训支出并没有漏出，而是留在城市内的话，产出将进一步增大），

为了使读者理解城市函数中积分项的构成，作积分示意图如图 2-2 所示：

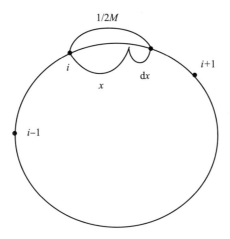

图 2 - 2　匹配机制积分示意图

以企业 i 为例，其右侧 $\dfrac{1}{2M}$ 范围内的工人将为加入企业 i 进行培训并支付成本，也就是说，如以企业 i 为 0 点，区间 $\left(0, \dfrac{1}{2M}\right)$ 中的工人将试图加入企业 i，$\left(\dfrac{1}{2M}, \dfrac{1}{M}\right)$ 区间中的工人则试图加入企业 $i+1$。此处只考虑 $\left(0, \dfrac{1}{2M}\right)$ 处的工人所支出的费用，如图 2 - 2 所示，此区间内的工人的培训支出可积分如下：$\int_0^{\frac{1}{2M}} sNx\mathrm{d}x$，（$N$ 同时也是工人在单位圆上分布的密度）。由于在单位圆上，如 $\left(0, \dfrac{1}{2M}\right)$ 的区间有 $2M$ 个，那么总的培训成本支出为：$2M\int_0^{\frac{1}{2M}} sNx\mathrm{d}x$。所以城市生产函数为：

$$X = \alpha N - 2NM\int_0^{\frac{1}{2M}} sx\mathrm{d}x \qquad (2-32)$$

代入 M 的均衡值 $M^* = \sqrt{\dfrac{sN}{f}}$，得：

$$X = N\left(\alpha - \frac{1}{4}\sqrt{\frac{sf}{N}}\right) \qquad\qquad (2-33)$$

从城市的生产函数可以看出，城市的总产出随着 N 的增大而增加。而且，总产出的增加比例要大于 N 的增加比例，是以递增的速率随着城市工人的数量的增加而增加，这可以从 X 对 N 的二阶导数大于零这一点上看出 $\left(\dfrac{\mathrm{d}^2 X}{\mathrm{d}M^2} = \dfrac{1}{16N}\sqrt{\dfrac{sf}{N}} > 0\right)$，$X$ 的增加比例必须大于 N 的增加比例，这样人均意义上的工资才会增加，这一点与上一节中 w 以慢于 N 的增长比例而增长有根本不同，本节末将会讨论。由企业均衡数量的表达式 $M^* = \sqrt{\dfrac{sN}{f}}$ 可得出，企业数量的增加速率小于 N 的增加速率（二阶导数为负），这意味着在人口增加的过程中，企业的规模也变大了，原因是这里的企业都存在固定成本 f，更大的规模可以更充分地将其分散到产品中去。模型的最后一个环节是将 M 的均衡值代入均衡工资的表达式得到均衡工资水平：

$$w^* = \alpha - \sqrt{\frac{sf}{N}} \qquad\qquad (2-34)$$

将 w^* 对 N 求取二阶导数，有 $\dfrac{\mathrm{d}^2 w^*}{\mathrm{d}N^2} = -\dfrac{3}{4}N^{-\frac{3}{2}}\sqrt{sf} < 0$，所以工资随劳动力的数量 N（同时也是劳动力的密度）的增大以一个递减的速率增加，这既保证了集聚会发生，又保证了不会因过度集聚而使密度（N）无限大：随着 N 的增加，w^* 增加，所以会吸引更多的劳动力加入，地区人口密度增加，最终形成城市；另外，因为是以递减的速率增加，所以到了一定程度后工作的增加将无法抵消由于拥

挤而造成的负面影响，特别是考虑到交通成本将以相比人口增加更大的速率增加，集聚的程度是有限的，这表现为现实中城市的规模都是有限度的。

赫尔斯利和斯特兰奇的模型从劳动力技能与企业相匹配的视角，从理论上证明了一个特定地区如果拥有更多的异质性劳动力，将会产生三个结果：更大的产出（X）、更高的工资水平（w^*）与更大的企业规模（l^*）。与上一节分享机制相比，虽然建模的视角不同，但是都得到城市层面下集聚的结论。将分享机制与匹配机制相比较，仍可得出以下几点差异。

第一，在分享机制中，企业的规模并不随着市场规模（即人口规模，以 N 表示）的增加而变大；而在匹配机制模型中，企业的均衡规模是人口规模（仍以 N 表示）的函数，并随着 N 的增加增大。追溯建模过程，原因是在分享机制模型中，明确地规定了中间产品企业面对的是一个等弹性的需求函数，从而利润最大化原则下的产量是确定的，所以以所需劳动力数量来表示的企业总成本是一定的，这就决定了企业的规模是确定的。在分享模型中，各中间产品企业具有较强的垄断性质，为了保证价格水平，产量是限定的，多出来的人口将会被用来组建新的企业，生产异质产品。由于企业的规模不变，所以企业的数量与总人口数量成正比。而在匹配机制模型中，人口数量的增加虽然会导致企业数量的增加，但是企业的数量与 N 并不成正比例，而是与 $\sqrt{N}$ 成正比，即企业数量的增加要慢于劳动力数量的增加，从而企业的规模将随之增大。既然分享与匹配机制两类模型中的企业均存在规模经济的特质，那么为什么匹配模型中的企业会随着劳动力数量的增加而增大，利用其规模经济的优势，而分享机制模型中的企业规模却没有增加呢？除了以上提到的垄断性质强弱的原因外，更重要的原因是分享机制模型中的产品价格是按照"成本加成"方式确定的，即成本的确定倍数，这决定了产量的大小与企业规模的大小。

第二，在本节匹配机制模型中，将城市的产出设定为总产出减去培训成本支出。这样的设定中包含了如下逻辑：培训工作是由其他城市提供的，并不算到该城市的产出中。但是，随着一座城市规模变大、产业多元化，教育与培训行业自然会在该城市中出现并发展壮大，也就是说，在现实中参与技能培训的工人并不需要（起码不是全部需要）到其他地区接受培训，其支出并没有漏出到其他地区，而是成为教育与培训行业的收入，留在了该地区。以上逻辑投射在模型上，城市生产函数就不再需要减掉培训支出，城市的生产规模将会更大。另一个与培训支出相关的问题是：模型中一个暗含的逻辑是随着劳动力规模的扩大、企业数量的增加，匹配度将会增加，培训支出将会减少（至少人均的培训支出将会减少，总量也许会增加，因为人口规模在扩大）。而事实上，无论是在直观感受层面，还是在相关统计层面，大城市的人均与总的培训费用支出都要更多。所以，我们必须再审视培训成本的表达，在 $s\,|r_i - r_{i-1}|$ 中，由两部分构成，以上所提的匹配程度的提高只是减小了 $|r_i - r_{i-1}|$；而随着城市规模扩大、产业多元化与结构升级，工作岗位的细微变化就可能导致巨大的信息差异，所以从一个岗位转化到另一个工作岗位所要接受的培训强度会增加，即 s 会变大，从而导致培训费用支出增加。

第三，我们将研究目光集中在分享与匹配两类模型的空间适用尺度下。为什么说这两个模型是城市尺度下的集聚模型？或者说建模中的哪些方面是考量了城市的空间尺度？（1）在分享模型中，城市生产函数是中间产品种类的增函数（在成本支出固定的情况下），这里的一个暗含的关键假定是，只有在此城市地区内部的最终产品生产企业才能购买到品类繁多的中间产品，产生更高的工资，而其他地区的最终产品企业则无法将这些中间产品纳入生产投入品清单中，所以导致人口向该地区集中。那么这个假定是合理的吗？在2.1 节分享模型中，埃蒂尔并没有对中间产品类型做出区分。事实上，对于适合运输的制造业类中间投入品就不适合其他区域不可得的假定，但是在考虑到空间距离的前提下，其他地区即使可以得到也要支付运输费用，而对运输费用的规避就是企业向该地区集聚的动力之一，也就是说，即使放松其他地区不可得中间品的假定，由于运输成本的存在，也仍然有向中间品种类多的地区集聚的趋势；对于不可运输或贸易的中间投入品，如一些公共设施或服务类产品，该城市以外地区不可得的假定就具有合理性了，可以认为，在分享模型中，正是这些不可运输或贸易的中间产品才是令企业集聚在此地的主因，而中间品可获得的空间范围就是城市集聚的尺度。（2）在匹配机制的模型中，企业与工人的集聚使得匹配程度增加，作为结果工资水平也得到提升，从而形成因果循环机制，导致集聚达到一定的程度。从工人的视角来看，密集的企业集聚地有更高的工资水平和更多的就业机会；从企业的视角来看，工人集聚的地区是一个多样化劳动力的"蓄水池"，能够提供丰富的劳动力储备。问题是，为什么这些效应会被锁定在城市这一空间尺度下呢？以企业为例，如果某一企业的位置距离该区域超过 50 千米，则在相同的工资水平下无法吸引到集聚地区的工人，因为即使是现代交通方式背景下，超过这一距离也超出了一个通勤的极限。当然，从工人的视角来看也是如此，一个工人如果置身于该地 50 千米以外，便难以往返于两地之间。所以，可以从通勤极限的视角看待匹配模型中的集聚尺度。

本节中考虑到了劳动要素的异质性，关于城市形成且得以维持的研究则有另一个路径——在经济活动密度更高的大城市，异质性劳动力与工作岗位之间的匹配性将更高，也就是说将降低劳动力市场上的双向搜寻成本。赫尔斯利和斯特兰奇（1990）最初假设一个单中心城市，城市 CBD 中存在 M 个企业。其中有代表性的企业 i 的利润设置为：$\prod_i = \int_{\bar{r}_i}^{\bar{r}_i+1} N(\alpha - w_i)\,\mathrm{d}r$（$\bar{r}_i$ 与 $\bar{r}_{i+1}$ 为企业 i 的劳动力储备边界，N 为异质性工人的数量），求一阶条件并将企业数量 M 与劳动力数量 N 的关系代入，可得长期均衡工资 $w^* = \alpha - \sqrt{\dfrac{sf}{N}}$，其中 s 为度量异质性与搜寻摩擦的指数。从中可知，随着人口数量 N 的增加与指数 s 的降低，均衡工资将会增加。显然，一个集聚程度更高的地区会同时满足上述两个指标的变化方向要求，使其工资率高于其他地区，使人口的单方向流动（集聚）在城市尺度下发生并维持。将"匹配"的微观机理与"分享"相比较，可以发现虽然逻辑起点与微观机理截然不同，但在城市尺度下导致集聚发生的结果却是一致的。以上理论研究的结论得到了实证成果的支持。约弗 – 雷蒙塞尼、马林 – 洛佩兹和维拉代肯斯 – 马尔萨尔（Jofre – Monseny, Marin-lopez & Viladecans-Marsal, 2011）通过分析西班牙的新创建的制造业公司的位置选择，量化了"匹配"机制对城市层面集聚形成的作用并做出比较：在城市的尺度下，匹配是最重要的集聚机制，在程度上要显著超过知识溢出。除了匹配确属一种城市尺度的重要集聚机制外，匹配的作用超过知识溢出可以这样的解释：第一，约弗－雷蒙塞尼等的研究对象为制造业公司的集聚，而知识溢出效应更加集中于服务业（服务业被认为更加强调"面对面"交流的作用）；第二，该实证结果证明，相对于匹配机制，知识溢出作用的空间范围更加局部化，只存在于城市内部的有限范围，这与理论研究的结论是一致的。就现阶段的研究成果来看，量化各种集聚机制作用大小的实证研究结果仍应该谨慎看待，原因在于各种集聚机制是共同作用的，难以被单独识别，例如，"知识溢出①就很可能是通过员工流动或客户与供应商的业务关系而实现"（Ellison et al.，2010）。这仍然是空间尺度下的问题——相比知识溢出，员工流动和上下游企业间的业务往来而产生的知识传播可以发生在更大的空间尺度下（如区域）。

2.3　学习机制导致城市层面集聚的机理分析

　　学习机制主要指知识溢出与干中学，是指通过不同的经济主体（包括企业和个人）在空间上的集聚而产生了信息（或知识）的非市场化交流，从而促进了经济主体收益的提高。学习机制属于信息

---

　　①　员工变换就业岗和企业间的业务关系是以经济利益为目的的，且发生了支付行为，由此而产生的知识传播已内部化，所以不再属于知识溢出的范畴。艾利森（Ellison）等在此处仍然使用"知识溢出"一词的目的很可能是强调主动的知识传播有时会被错误地归类为知识溢出这一事实。

交流外部性的范畴,即经济主体可从其他主体获得有用信息而不必支付,当然,也无法因自身外溢的信息而获取经济回报,这与上文提到的通过员工流动和企业间业务往来的知识传播截然不同。由于是无意识的溢出,所以只有经济活动在空间分布带上足够密集、主体间的空间距离足够近才能够更充分地发挥作用,即使在通信与交通成本急剧降低的当代,由城市的集聚所产生的面对面交流仍然是完成复杂沟通的高效方式(Glaeser,2011)。

2.3.1 面对面交流的必要性

在通信成本大幅度降低、信息沟通手段已经极其丰富的今天,为什么家庭和企业仍然要支付城市高昂的土地使用费用从而寻求彼此之间更加接近呢?城市,尤其是大城市的拥挤与拥堵会使经济主体的满意度降低,这一点从人均居住面积与日均通勤时间上都可以反映出来。从效用最大化的视角来看,无论是生产者还是消费者,通常都倾向于可以占有更多的土地,所以一个基本的逻辑判断是,在城市的高密度环境中,各经济主体一定是在近距离交流互动中获得了可以抵消拥堵与拥挤等负面影响的正效用。但是,如上文起始时所述,通讯成本已经大幅度降低,人们越来越多地使用电子通信设备进行信息交流,那为什么面对面的交流并没有减少,反而更加不可或缺了呢?一个重要的事实是,信息或知识可以分成两类:一类是可以被编码,即可以标准化的知识,这一类知识的传递对距离并不敏感,并不会随着距离的增加而损失;另一类知识属于缄默知识,是非标准化的,这类知识的交流和传递往往需要现场的面对面交流和沟通才能够准确完成，原因在于这类信息的高度复杂和更强的语境相关性。可编码或可标准化的知识通过电话交流、传真或电子邮件即可准确地传递，传递者与接收者只需掌握现代通信工具的使用方法即可实现；但是非标准化的信息的传递与接收却需要双方面对面地交流和持续地、重复地接触，有时还需要共同的社会背景和知识背景，因此地理接近是很重要的（梁琦，2009）。也就是说，在通信技术进步日新月异的今天，标准化信息的传递过程中几乎是无成本发生的，更不随着空间的延展而增加，但是非标准化知识的传递成本却随着地理距离的增加而增加——这种成本体现在信息的传递过程中的失真与失效。以汽车行业为例，虽然下订单与技术要求都可以方便快捷地通过通信工具完成，但是零部件供应商一般会向整车生产厂商委派精通技术与业务的驻在人员，以求准确地接受本企业的零部件在使用过程中所得到的反馈并及时加以改进。制造业以外的其他行业面对面的现场沟通甚至更加重要，如金融行业的沟通和洽谈过程中的主要环节几乎必须是面对面完成的，因为双方都会想要获得一切有价值的信息，以便更全面地掌控细节——交谈时的表情、语气和动作的细微变化都可以被有经验的谈判者捕捉到，而且是否愿意面对面地接触本身就体现着诚意与否与重视程度。一个显而易见的事实是，伴随着通信技术的飞跃性发展，跨越地区甚至国界的商务旅行也爆发式地增长，即两者之间并不是先前预测的互为替代的关系，而是互为补充的态势。原因可以暂时这样粗略理解：通信技术的发展增加了一般信息的可获得性，使得"供求双方"更有可能发生接洽，但是进一步地了解、协商与决策需要掌握更多的上述所提到的非标准化的、无法编码的信息，从而催生了大量的商务旅行。

非标准化的复杂信息在传播过程中会随着距离的增加而产生损失，虽然这种损失产生的具体发生机制不太明确，但可以通过技术或信息的使用强度随距离的衰减来估计。凯勒尔（Keller，2000）以14个经济合作与发展组织（OECD）国家在1970～1995年的制造业为样本，通过国际贸易双边的空间距离考察技术知识溢出是否影响从外国研究与开发（R&D）溢出中生产率获益的大小，结果显示外国R&D对本国生产率的效果随着输出国与输入国的距离增加而减小①。凯勒尔（2002）的研究再次发现，虽然随着时间的增加，知识与技术的溢出越来越不限于地方专有，但是技术的使用在可测度的程度上仍然具有地方属性，溢出的程度随着距离的增加而减弱。以上的研究均指向技术的使用和创新与空间上的接近具有显著的正向关系。

2.3.2 企业集聚区的劳动力流动与企业家决策

信息（或知识）是可复制的、非排他性的商品，一个企业或个人使用了一个信息并不妨碍其他企业或个人也使用此条信息。所以，在一个企业集聚的地区，往往会通过高频次的人员流动与企业交流带来信息的共享与使用。必须认识到，这里所讨论的信息的共享是通过非市场化的渠道实现的，也可以这样说，这里所指的信息的传递并没有发生支付行为，而是属于外部性的范畴。正是因为不需要发生相应的支付行为，所以一个企业或个人会有意愿迁移到企

---

① 转引自梁琦. 分工、集聚与增长 [M]. 上海：商务印书馆，2009.

业与人员密集存在的地区以获得"溢出"的信息。对"不需支付"的理解非常重要，反过来想，如果身处该集聚地区的经济主体亦需要支付同样的价格从市场渠道获取信息，那么，从知识获取成本的视角来看，又有什么必要集聚到该地区呢？相比远离该地区的企业（同样可以通过支付获得信息），优势又在何处呢？当然，在这一决策中，任何单个的经济主体都只考虑自身的信息接收者身份，而不会考虑自身同时也是信息提供者。

2.3.3　劳动者①的流动与知识溢出

当我们探讨劳动者为何有在空间上集聚的倾向时，首先要在劳动者具有人的属性的前提下进行。群居是人类生存的一个基本形式，在此基础上构成人类社会，人们作为一种"社会动物"，与生俱来地有与其他人交流的需要，而人们之间的相互联系正是人类社会的本质。费希尔（Fisher，1982）认为，人们在日常生活与工作中都在与其他人接触与交流，包括提出想法、寻求建议、提供帮助、交流感情等，虽然现代国家构建了分工详细的职能部门和机构，但日常的工作和生活仍然是通过个人之间的联系与交往进行的，而与其他人保持联系也是人们行为的动机之一。现代心理学的研究成果也告诉我们，每个身心正常的人都有与其他人建立并维持一种持久的、融洽的关系的倾向。以上述思想为基础的经济模型中，个人的效用与他与其他人的平均地理距离成反比，与他所能够

---

① 这里作者避免了使用"员工"一词，因为可能被误解为同一企业的同事，从而被错误认为我们正在讨论一个企业内部层面的集聚。

享有的居住面积成正比。在土地价格由空间的密度决定（即内生性决定）的前提下，人口分布密度的分布曲线呈钟形走势，因为土地价格与人口密度正相关，所以地租分布曲线也呈钟形。也就是说即使在不考虑其他因素的前提下，人类倾向与他人更接近的群居天性自然会形成一个相对集聚的地区。

如果考虑到劳动力要在工作与生活的环境中获得经济收益，以上集聚的向心力会再度被加强。劳动力自身的素质与工作能力的增强并不完全依赖上一节所提到的有偿培训等市场化的渠道，劳动力之间的近距离、高频次的接触也会产生知识或信息的溢出，彼此之间能够接收到对方溢出的信息而不需要发生支付行为，当然，这里我们只假定在有限的空间范围内才能接收到溢出，这也是我们探讨城市层面集聚的基本逻辑之一。不发生支付行为这一点极为重要，因为一旦发生支付，就不再属于外部性的范畴。进一步地，由于近距离接触所产生的知识溢出并不是每个个体有意为之，而是在工作与交流中无意外露的，接收者不必支付的原因是溢出者无法将溢出行为的结果内部化。我们可以举例说明外部性的发生以及为何无法将其内部化。假如在一条较为偏僻的街道上存在若干新建成的、毗邻的商业建筑（或称为门市房），由于人流稀少而都没有开始营业，即各个门市房的商业价值暂时都为零。如果其中一间门市的主人想到了一个好的点子，启动了自家门市的经营，并且生意兴隆从而吸引大批人流来此街道消费的话，可以推想，其他临近的门市房也具备了开业获利的可能性，也就是说在第一家开业的商业门市的带动下，其他门市也具备了曾经不曾有的商业价值。在这个过程中，其余门市并没有付出任何努力却得到了收益，而为这些门市带来商业价值的第一间门市的所有者却无法从中获取"应得的"收益，即无法内部化相关收益，是为外部性。

技能熟练的人员（技术员工与熟练工人）也是信息与知识的载体，技能熟练的员工流动的同时也带动了信息的流动。但是，员工流动一般是地方化的，是在一定范围内发生的，距离是制约员工流动的障碍，也就是说，在企业与员工密集的地区，人员的流动（转换工作岗位）倾向于在当地范围内实现。在密集地区，由于能够接触到更多的相关人员，个人将会更多地接收到知识溢出。之所以在密集地区能够接触到更多的相关人员，主要原因就是当地的人员频繁地转换工作，使个人能够更高频次地接触到不同的具有熟练技能的人员，而员工作为企业科技的载体，同时也增强了企业的实力。因此集聚地更易发生以熟练劳动力流动为特征的知识流动。马莱茨基（Malecki，1997）指出了在知识密集行业中知识转移过程中，高技能的劳动力的流动起到了重要作用，例如硅谷的成功就和高技能员工在不同公司之间的不断流动有很大关系。企业集聚区工人岗位的转换和流动更加频繁，也意味着集聚具有共享劳动力的优势。

杜麦斯等（Dumais et al.，1997）在研究中发现集聚地区的劳动力集聚的蓄水池是导致产业集聚的主要动力。事实上，人才的流动是集聚区内创新技术扩散的重要推动力，尤其是为产业集群服务的专业人才市场使技术信息在集群内广泛传播。库姆斯和德兰特（Combes & Duranton，2006）以法国为例，对工作变换的地理特征进行了研究，如表 2 - 1 所示。

表 2 – 1　　　　1996～1997 年法国高技能工作人员的流动情况　　　　单位：%

流动类型	科学家	管理层人员	工程师	技术人员	销售人员	技工	总计
工作流动	9.6	10.1	11.7	8.7	8.2	9.9	9.8
同一地区，同一部门	43.4	39.2	46.9	42.7	48.7	43.1	43.4
同一地区，不同部门	16.2	32.7	28.9	33.0	25.7	32.3	30.4
不同地区，同一部门	30.3	13.0	9.6	8.7	12.8	8.9	11.4
不同地区，不同部门	10.1	15.1	14.7	15.6	12.8	15.7	14.8

资料来源：库姆斯和德兰特（2006），转引自梁琦. 分工、集聚与增长［M］. 上海：商务印书馆，2009.

　　统计数据显示，研究地区的职场人员每年约有 10% 的人跳槽，这些人中有 75% 的比例在辞职后仍然在本地区的其他企业就职，也就是说，劳动力在地区间的流动程度比较低，大部分变换工作的人仍然在本地区寻找就业机会。实证研究显示，不同地区的劳动力流动频率不同，企业集聚的地区劳动力流动更加频繁，这也印证了集聚有共享"劳动力蓄水池"的优势。基于以上的劳动力的集聚会产生知识溢出的逻辑，产生了一个推测，即使用类似技能劳动力的企业的集聚会逐渐增强，其集聚机理与生产同种产品的企业的集聚不同。所谓"使用类似技能劳动力的企业"是指企业在广义的生产过程中使用的劳动力都掌握基本相同的技能；而"生产类似产品的企业"较好理解，就是生产同类型产品。比如，如果在某一地区，多家生产整车的厂家在空间上集聚便属于生产类似产品的企业的集聚；如果是若干装配工厂集聚在同一地区，比如说电视机装配厂、

空调装配厂、电脑装配厂在空间上集聚就属于使用类似技能劳动力
的企业的集聚，因为以上几种类型的装配厂都只是集中在产品的装
配环节，所需的也都只是几乎相同的、简单的组装技能。如果从
"知识溢出"的视角观察，由于知识溢出主要发生在掌握类似技能
的工人之间（这里的工人是广义上的工作人员），所以使用类似技
能劳动力的企业的集聚应该是知识溢出机制的一个结果。德兰特和
普加（Duranton & Puga，2004）证实了功能型的集聚（使用类似技
能的企业的集聚）在一定程度上代替了部门型的集聚（生产类似产
品的企业的集聚），该实证研究的结论支持知识溢出机制的存在与
重要性。

2.3.4 企业家行为与知识溢出

如果我们把劳动者按所掌握技能的高低程度分类的话，可以分
为研发型人才与一般应用技能型人才。这两类员工在企业工作所能
获取的回报是不同的，两者在最大化其收益时的考量也不同。相比
一般技能的员工，优秀的研发人员具有开发新产品并获取高额商业
价值的能力。如果某一研发人员（或者一个研发团队）开发出了一
款产品，那么他（或他们）应该怎样做以实现效用最大化呢？首
先，可以说服企业决策者量产该类产品，获取市场收益，然后相应
地得到研发者应该得到的收益。或者，研发者认为该款产品的商业
价值会远远高于量产后他们所能分取到的收益，从而选择离开公司
自立门户生产并销售该产品，获取更大的收益。通过创立新公司，
研发人员将新的想法与创意转化为经济价值，其身份也随之转变为

具有创新素质的企业家。

　　一般来说，如果创立新企业的固定成本较小，且企业的决策者对新创意、新产品的经济价值估值远小于研发者的预期时，研发人员就会选择离开先前的大公司并创立新公司从而将新的创意付诸实践。由于新的创意和想法是研发人员在原公司工作时产生的，完善与成熟的过程也在原公司完成，所以新创立的、将创意与想法真正实现于商业用途的新公司（初始时通常规模较小）可以算作原来大公司的衍生公司。新创立的公司之所以能够在规模很小，甚至组织机构还不完整的情况下便能开展并完成研发、生产、销售等诸多环节，原因在于新企业有直接来源于先前大公司研发机构、生产部门与销售部门的经验，并且能够在一定程度上使用原公司的无形资源（如供应商等）。可以认为，开创新公司的研发人员（现已成为企业家）的行为，使知识从原公司溢出到新公司①，产生了知识溢出的效应。接下来我们要思考的问题是，基于企业家决策产生的溢出效应在不同的地理区位有怎样的不同呢？知识溢出通常发生在集聚的地区，也只有在足够密集的地区才会发生不需要支付的溢出行为，这一点上一节中已有阐述。在密集的集聚区内，更容易接近不可编码的知识与信息，如果创业所需的知识成本构成来源于可编码与不可编码两类知识的获取成本的话，集聚区内的有创业意图的人员起码在不可编码知识的获取上成本要小得多（当然，可编码知识的获取成本通常也要更小，这与市场成熟度有关），因此，在企业集聚区内创业的预期净收益要远高于其他区域。所以，地理特征与空间特质在很大程度上影响着企业家的行为——集聚地区有更大数量的

---

　　① 此处，知识的传递与复制仍然未发生支付行为。

知识存量，所以更容易培育出企业家，从而催生更多新企业诞生。实证研究证明，包括高科技与传统行业在内，企业家活动在集聚地区都要更为活跃（Porter，1998）。知识溢出通过企业家的创业活动实现，而企业家的创业行为与当地经济的增长有密切的关联——更为活跃的企业家行为往往对应着更高的经济增长率；更高的增长率催生更多的企业产生，更多的人员汇聚。也就是说，以上的机制仍然属于因果循环的范畴，简言之，集聚地区的知识溢出带来增长，增长进一步加强集聚。

2.3.5　知识溢出与 CBD 的内生性形成

正如克鲁格曼所说，先前的城市经济学如同只研究山脉对气候的影响，而并不研究山脉的形成原因一般。与城市经济学中预先假定城市中心已经存在不同，新经济地理学（空间经济学）要内生地研究城市中心是如何出现的，或抽象地说城市尺度下的集聚是如何形成的。以下介绍关于知识溢出导致城市中心形成的数理模型方面的文献。一般这类文献假定区位 s 的生产率是以衰减函数为权重的不同区位的经济活动密度的函数。具体地说，产量决定于生产函数的设定和外部性条件，而这个外部性条件就是衡量地区密集程度的地区企业数量和。以 Y_s 表示在区位 s 的同质制造业产品的总产量，有：

$$Y_s = \left\{ \int g(s, s') b[Y(s')] \mathrm{d}s' \right\} \beta(l_s, r_s) \text{①} \qquad (2-35)$$

---

① 转引自梁琦《分工、集聚与增长》。

其中，$\beta(l_s, r_s)$ 是以劳动力数量 l 和土地 r 为投入要素的规模报酬不变的生产函数，$\int g(s, s')b[Y(s')]\mathrm{d}s'$ 代表外部性，$g(s, s')$ 是距离递减的函数，$b[Y(s')]$ 是区位 s 的企业的密度。因为具备外部性，所以这一类函数体现出了规模报酬递增的性质，之所以说是外部性，是因为报酬递增来自更高的企业密度（企业数目随之增加）增加和城市的规模扩大。

藤田和小川（Fujita & Ogawa，1982）以及艾麦（Imai，1982）将消费者效用最大化与企业收益最大化作为条件，分析企业与消费者的互动可能产生的均衡结果。模型中，集聚的向心力来自知识溢出：企业间的信息的交流，即每个企业都有与其他企业在地理上更加接近的倾向；模型中的离心力来自企业在空间上过于集聚而产生的人口密集，密集的人口产生了居住面积狭小（房屋价格、房租过高导致），工人上下班通勤的时间成本高涨（由于企业密集、城市扩张造成）①。向心力与离心力相互作用，城市的规模达到动态平衡，企业与消费者（以家庭为单位）在空间上的分布趋于均衡。

梁琦（2009）用 $\varphi^*(x, y)$ 代表区位 x 的企业与区位 y 的企业之间的最优交流水平，$V[\varphi^*(x, y)]$ 表示在该种交流水平下该地区的总产量，$c_1(x, y)$ 表示区位 x 的企业与区位 y 的企业主动交流信息的成本，$c_2(x, y)$ 表示区位 x 的企业与区位 y 的企业被动交流信息的成本，而同属一个区位的企业之间交流信息则不需要成本。$a(x, y)$ 表示位于区位 x 的企业从位于区位 y 的企业那里接收到的

---

① 支付城市中心的高额房租或房价与花费通勤成本之间存在替代关系，如果在城市中心支付高额房价则不需要花费到市中心上班的通勤成本，反之则不需支付高额房租与房价。

信息溢出，$A(x)$ 是单个企业收到的全部信息，代表着集聚的可达性，则有：

$$a(x, y) \equiv V[\varphi^*(x, y)] - [c_1(x, y) + c_2(x, y)]\varphi^*(x, y)$$
$$(2-36)$$

$$A(x) \equiv \int_0^n a(x, y)m(y)\mathrm{d}y$$

$$= \int_0^n \{V[\varphi^*(x, y)] - [c_1(x, y) + c_2(x, y)]$$

$$\varphi^*(x, y)\}m(y)\mathrm{d}y \qquad (2-37)$$

集聚地区的集聚向心力和离心力的相互作用决定城市的规模，商业区与居住区是在空间上区分开还是重叠取决于集聚力与向心力的相互作用形式（也就是决定于模型中的参数值）。以下的逻辑是要证明城市知识溢出的情况在很大程度上决定着城市商务区与居住区的布局情况。这里引入两个参数，t——家庭的单位通勤成本，τ——距离递减效应参数。当 τ 取值较小时，代表着城市中心的溢出效应递减较慢；当 τ 取值较大时，意味着知识溢出随着距离的增加衰减很快。可猜想单位通勤成本与距离递减效应的比值 $\frac{t}{\tau}$ 对城市布局具有重要影响。理论模型的结果可分析并总结如下：

（1）当 $\frac{t}{\tau}$ 值很大时，居民生活区和商业区完全混合。$\frac{t}{\tau}$ 值很大意味着 t 相对大，τ 相对小。t 值大意味着通勤成本很高，而通勤成本高便意味着居住地与商业中心（工作区）距离太远；τ 值小意味着知识溢出随空间延展或距离增加的衰减较慢，这使得企业之间可以不必过于紧密地集聚在一起也能够接收到知识溢出，即企业之间可以有间隔，间隔区域可容纳居民居住。由于以上两点，城市会形成居住区与商业区（或工作区）充分混合布局的状态。在此充分混合状态下，几乎不会发生通勤，也就是居住地与工作地已经充分混合与重叠。

（2）如果通勤成本下降，如 τ 值不变，则 $\frac{t}{\tau}$ 的值变小，将逐渐从（1）中混合的状态向生活区与商务区分离的格局转变。原理也很简单，当知识溢出程度与距离的关系是固定的，通勤成本的下降使得工人可以远离商业中心（工作地点），在更偏远的地点居住以享受更大的居住面积。

（3）如 t 值不变且 τ 值增大，$\frac{t}{\tau}$ 值变小，意味着知识溢出随空间的延展衰减很快，则企业之间必须集聚，形成纯粹的商务中心，工人的居住只能在外围，形成工作区与居住区分离的态势。

从以上的分析可以得出，t 值的减小将使工人倾向于将居住区向外围迁移（为了更大的效用，居住面积在效用函数中），而 τ 值的增大将使企业更倾向于集聚，这也意味着企业会将居民的居住向周边挤，挤出的机制是企业的集聚提高了中心的土地价格与房屋价格，更高的房屋价格将使得居民外迁。综上所述，更小的 $\frac{t}{\tau}$ 值将促进 CBD 的集聚形式形成，企业家的决策方向则是更倾向于集聚。

关于知识溢出与企业集聚的关系，贝利安特等（Berliant et al.，2002）在线性空间的城市模型中，以生产外部性的视角，使用一般均衡方法在理论上证实了（不需支付的）知识溢出是促进企业在城市尺度下集聚的关键因素。这一类文献的结论是，在竞争性均衡中，企业与居民的区位选择、商品的价格、要素的配置与价格、土地的租金（可以拓展至房租或房价）都是内生决定的。最早的冯·

杜能（Von Thunen）的关于城市周围土地利用的内生性模型，仍然预设了城市中心的存在，只是推演出了城市中心的土地的利用情况（要素的配置）与土地价格（要素价格），而在以上所述的文献中，城市中心也是内生的。

知识溢出是导致城市集聚的重要因素，当知识溢出具有不同的特质时（如随距离的衰减程度不同），城市的均衡结构是多重的，可以是单中心的（集聚的）、企业与家庭混合型的（分散的）、企业与家庭不完全混合的（联合型的），这取决于个人的通勤成本、知识外溢的效率对企业分散程度的敏感性。

2.4　小　　结

学习机制的重要成果可分为理论与实证两方面。理论研究集中于向他人学习是如何促成企业和员工集聚的。贝克曼（Beckmann，1976）最早构建了基于权衡交通成本与居住面积的经济模型：假定个体的总效用取决于该个体与其他人的平均距离和可以拥有的土地数量（平均距离越近，接收溢出信息的成本越低，但能够获得的土地却更少），在这样的偏好下，效用最大化的空间均衡是对称、单峰的人口分布，从而意味着城市中心的出现。该模型的另一个重要结论是地租分布曲线也以中心对称并呈倒 U 形，这是伴随城市人口密度分布曲线而相应出现的结果。博鲁霍夫和霍克曼（Borukhov & Hochman，1977）对企业间互动的结果做了研究——将办公用地租金与企业间互动成本（与距离成正比）引入利润模型，其中每个企业承担的互动成本与企业间距离成正比，利润最大化的结果是会形成类似中央商务区的空间结构。以上文献研究了个人间及企业间的空间集聚，藤田（1982）则进一步探讨了企业和雇员在空间上的相互依赖——通过将每个企业相互靠近从而以较低成本获取信息的欲望作为向心力（集聚力），将由此造成的集聚中心地区的土地租金及工资上涨作为抑制集聚的力量，建立一般均衡模型，证明了城市中心出现的必然性。该模型中，企业支付的工资和土地租金是由模型内生决定的（随企业的区位决策而变化），相较以往模型是重要创新。此外，相比上述没有特殊界定关系的个体之间，同行业但分属不同企业的员工之间的交流非常重要，一种观点认为，相对于同事之间，不同企业间的员工相互交流更加依赖近距离的面对面方式，萨克森宁（Saxenian，1994）以硅谷的例子来强调这一因素在提高企业生产效率方面的作用。在理论上，学习机制的作用已无异议，而且，由于个体只考虑到自身作为"信息接收者"的收益，而忽略其作为"信息输出者"一面[①]，所以，从知识溢出的视角看，均衡的人口密度要低于最优的人口密度，这与社会网络经济学的相关研究结论是一致的（Jackson，2008）。此后，一些理论研究聚焦于空间距离上的接近对于经济主体间的社会关系形成与加强的重要影响，研究关注到经济主体在社会网络中互动的方式与距离的关系（Ioannides，2012）。这一部分文献也认为空间上的接近很大程度上仍属"黑箱"状态，其中存在尚未发现或证实的微观机制。

实证研究集中于对学习这种外部性机制的测度上，其测度方法

---

① 个体忽略其作为"信息输出者"的原因是其无法内部化这种信息输出，即由于知识溢出的外部性属性而无法获得相应回报。

与"人力资本外部性"的概念紧密相连，其含义是一个人知识水平的提高除了会提升个人收入，还会在社会互动中产生知识的外溢，使其他人收益提高，即产生正面的社会回报。有关美国的研究证实，在人力资本水平更高的城市（多为大城市），地租和工资收入水平相应更高（Rauch，1993）。莫雷蒂（Moretti，2004）证实，企业的劳动生产率与所在地的劳动力中大学毕业生的比例呈正相关，并且，城市中大学毕业生的比例每增加1%，平均工资会提高6% ~ 12%。对中国的实证研究也支持人力资本存在正外部性的假设，Liu（2007）使用1988年和1995年的数据，控制与个人收入水平相关的其他变量，发现城市平均学历每增加一年，个人收入增加近6%。李晓瑛等（2010）对我国城镇的受教育水平与工资水平的动态关系的研究发现，受过高等教育的比例增加1%，工资水平相应提升约1%。格莱泽等（2014）使用工具变量法，在有效解决了估计的内生性后，采用2007年中国住户收入调查（chips）数据，发现一个城市的平均受教育年限每增加一年，居民收入水平会提高约20%。以上研究说明，在各个阶段，中国城市的人力资本外部性均存在，且从1988 ~ 2007年，产生的外溢程度不断提高，而这与我国城市化的快速推进及城市规模的迅速扩张有重要关联（陆铭，2017），即人口在空间上的集聚促进了知识溢出，强化了人力资本外部性。由于服务业在经济中的比重越来越大，且服务业更加依赖人们之间的面对面交流，所以学习机制逐渐成为最重要的城市层面的集聚机制。

城市（尤其是大城市）会通过分享、匹配和学习等机制提升高技能劳动力的收入水平，吸引该部分人群向城市集聚，同时也提高了其时间的机会成本,从而高技能人群会将更多的简单工作外包给相对低技能的劳动者,进而衍生出更多工作岗位,尤其是消费型服务业岗位。

在本篇,主要讨论了城市层面上的集聚机制,关于城市规模的确定,即离心力作用的体现,将在第二篇第 5 章中区域与城市的比较中予以讨论。

第二篇　区域尺度下的
　　　　　　经济集聚机制

与城市尺度下的集聚不同，在更大的区域或国家尺度①下，这里，区域指更为宏观的地区，一个此规模的区域可为城市群或包括若干个一般规模的城市。在更大的地理尺度下看，可以认为物理上的直接交流不能解释区域之间的集聚现象，如我国的东北老工业基地、欧洲的"蓝香蕉"工业区②、北美的工业带、日本的太平洋工业带。这个空间尺度下的集聚不可能用城市尺度下的集聚机制来解释：比如"分享机制"中所涉及的大量中间产品，在相当程度上是难以运输的，即是不能在大尺度下共享的；"匹配机制"中的劳动力蓄水池也只限于城市的尺度下；而"知识溢出"更是只能在地理上非常接近，甚至"面对面"的情况下才能够发生不需支付的"溢出"。在大区域尺度下的集聚现象，需要用企业、工人与消费者之间市场连接的不完全竞争导致的金钱外部性来解释。在区域的尺度下，考虑空间因素的经济行为充斥着金钱外部性。企业行为与劳动者行为都将产生外部性，如企业迁移或工人（也是消费者）流动到其他地区时，其生产和消费的能力也随之转移。从而，企业与工人们迁移会影响迁出地与迁入地劳动力市场和产品市场的规模，如会扩大迁入地的劳动力供给、增加迁入地的购买力、增加迁入地的产品供给，这都会影响价格和收入，当然，对企业与个人的流出地会有相反的影响。由于决定迁移的企业和个人在做出迁移决策时并没有将这些影响考虑在内，所以以上的影响属于金钱外部性的范畴。在非竞争性的条件下，因为个体无法将行为的价值通过影响价格将其内部化（如2.3.3节中第一家商业门市所有者无法收回将整条街道带来繁荣的价值），所以金钱外部性更加显著。一般均衡方法将劳动力市场与产品市场纳入到同一个研究框架中考量，研究劳动力和企业的流动所带来的影响。在这类模型中，劳动者同时还具有消费者的身份，也就是说一个个体的流动既影响供给也影响需求。这里的逻辑是，构建一般均衡模型，用劳动力市场与产品市场的相互作用来体现金钱外部性。例如，克鲁格曼（1991）构建中心—外围模型（core-periphery model），在垄断竞争一般均衡的框架下研究各种效应。

---

　　①　本部分将国家与区域规定为同一空间尺度，原因在于如中国这样的疆域广阔的大国的区域（如一省）从规模上已经相当于欧洲的一个中等规模国家。

　　②　欧洲的"蓝香蕉"制造业带的范围从英国西北部至意大利北部，包含德国、荷兰、比利时。

第 3 章

迪克西特－斯蒂格利茨垄断竞争模型的空间含义解读

以下介绍并解释克鲁格曼（1991）的中心—外围模型对区域尺度下的集聚的研究。中心—外围模型以单个厂商水平上的规模经济为前提，模拟所有厂商在市场上相互作用产生的外部性。该模型以迪克西特－斯蒂格利茨的垄断竞争性模型（以下简称 D－S 模型）为基础，假定经济体中只存在农业和制造业两个部门。其中，农业是完全竞争的，生产完全同质的产品；制造业部门生产大量的、多种类的差异性产品，制造业部门是不完全竞争的，在企业层面上具有收益递增的特质，即存在内部规模经济。

3.1 "冰山成本"的空间意义及对需求的影响

3.1.1 消费者行为

典型消费者的效用函数为：

$$U = M^{\mu} A^{1-\mu} \qquad\qquad (3-1)$$

由于农产品是同质的，就可以用标量来表示数量，而制造业产品是多种类的差异类产品，用连续体表示：

$$M = \left(\int_0^n m(i)^{\rho} \mathrm{d}i\right)^{\frac{1}{\rho}}, \quad 0 < \rho < 1 \qquad (3-2)$$

其中，ρ 为消费者对制成品多样性的偏好程度。可以这样理解：如果制成品之间差异小，则偏好程度越大（ρ 接近 1），此时制成品之间有很强的可替代性，σ 表示任意两种制成品之间的替代弹性，$\sigma \equiv \dfrac{1}{1-\rho}$。假如收入一定，为 Y，农产品的价格为 p^A，$p(i)$ 是第 i 种制成品的价格，则约束条件为：$p^A A + \int_0^n p(i) m(i) \mathrm{d}i = Y$。接下来是在该约束条件下，求解使效用最大化的消费者行为——也就是农产品与制成品的消费数量。求解这个问题有多种方法，较简便的一种方法是令任意两种工业制成品的边际效用之比等于此两种产品的价格比①。使用该方法得：$\dfrac{m(i)^{\rho-1}}{m(j)^{\rho-1}} = \dfrac{p(i)}{p(j)}$。经过一系列的最优化步骤，最后可求得：

$$A = (1-\mu) Y / p^A, \quad M = \mu Y / G \qquad (3-3)$$

其中，p^A 是农产品的价格水平，G 是制成品的价格指数（因为制成品有多种，不可能有单一的价格水平）。事实上，从效用函数 [柯布－道格拉斯（Cobb－Douglas）] 的设定上，已经能得到以上的消费数量。对每种制成品有：$m(j) = \mu Y \dfrac{p(j)^{-\sigma}}{G^{-(\sigma-1)}}$，$j \in [0, n]$。这便是任意一种制成品的需求函数。将上式代入效用函数中，可得到

---

① 与《初级微观经济学》中求解两种消费品的消费者行为的方法相同。

间接效用函数（即不直接体现产品的数量）：

$$U = \mu^{\mu}(1-\mu)^{1-\mu}YG^{-\mu}(p^A)^{-(1-\mu)} \tag{3-4}$$

其中，可以看出，$G^{\mu}(p^A)^{1-\mu}$ 为所讨论的经济体的生活成本指数①。在这里，μ 和（$1-\mu$）可以被看作"权数"。制成品种类 n 是一个内生变量，与制成品的价格指数有关。如果假定可得到的每一种制成品的价格都相同，是 p^M，则价格指数可以简化为：

$$G = \left[\int_0^n p(i)^{1-\sigma}\mathrm{d}i\right]^{\frac{1}{(1-\sigma)}} = p^M n^{\frac{1}{(1-\sigma)}} \tag{3-5}$$

从式（3-5）可得，因为 $\sigma > 1$，$\dfrac{1}{1-\sigma} < 0$，制成品种类越多则价格指数越低，即 n 越大则 G 越小。原因分析如下：在经济体中（此时还不涉及空间维度），制成品生产者越多，种类越丰富，则消费者更注重多样化的消费，竞争越激烈，所以价格指数越低（必须认识到，空间—外围模型是在垄断竞争的市场结构下进行推导的）。还要注意到的一点是，价格指数 G 随着产品种类 n 的增加而减少的程度与 σ 的大小有关，σ 越小，则价格指数对 n 的变化更敏感。原因是，σ 较小，意味着产品之间的替代程度比较低，也就是产品之间不易替代，这种条件下，需要有更多的产品类型来补充，如果增加产品的种类会较大程度上增加多样性，加剧竞争，使 G 有较明显下降。相反如果 σ 很大，即产品之间替代程度很大（意味着产品之间很相似），则增加更多种类的产品对竞争的意义不大，所以价格指数不会有很明显的下降。n 的变化会影响到典型消费者的效用，影响机制如下：如 n 增加，则价格指数 G 会下降，由于 $U = \mu^{\mu}(1-\mu)^{1-\mu}YG^{-\mu}(p^A)^{-(1-\mu)}$，效用会随着 G 的下降而增加。这里体现了一

---

① 2016 年版《空间经济学》中将 $G^{-\mu}(p^A)^{-(1-\mu)}$ 定义为生活成本指数，疑有误。

个逻辑:一个经济体中多样性的增加会增加社会成员的福利。这一逻辑也意味着集聚的地区会产生向心力(这一结论将在下一节解释)。

此外,以单一制成品的需求函数为依据,可以做出单一产品的需求曲线,如图 3 – 1 所示。

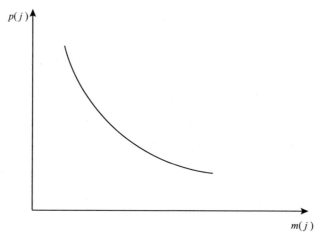

图 3 – 1　单一制成品的需求曲线

结合 $m(j) = \mu Y \dfrac{p(j)^{-\sigma}}{G^{-(\sigma-1)}}$,可知如果 n 增加,则 G 下降,$m(j)$ 减小,需求曲线向左下方移动,原因是产品的种类增加,每一种产品被需求的数量就会减少。在垄断竞争的市场结构下,企业的数量增加会使得竞争加剧。事实上,在区域尺度下考虑经济的分布时,竞争加剧导致的产量减小、价格下降是离心力之一。

3.1.2 影响需求的空间因素讨论

这里假定经济体由有限区域组成，假定存在 R 个独立区位。假设每种产品只在一个地区生产（反过来不成立，也就是说每个地区不一定只生产一种产品），每个企业只生产一种产品（产品与企业的关系是一一对应的），并假定每种产品都是由相同的生产技术生产出来，且有相同的价格。产品在不同地区间运输，会发生运输成本，为了避免再引入一个运输部门，使用了萨缪尔森（Samuelson）的"冰山成本"。意思是一种产品从一个区域运到另一个区域存在运输成本，这部分成本就像冰山在海水中漂浮时融化掉的那些，也就是说，如果想运输一单位产品到另一个区域，必须在本地区装运一单位以上的该产品，如果将一单位某产品从地区 r 运到地区 s，那么只有 $\frac{1}{T_{rs}^M}$ 能够到达。由于存在运输成本，同一种产品在生产地与运输目的地的价格就不再相同，比如某种产品从地区 r 经运输到地区 s，则价格关系为：

$$p_{rs}^M = p_r^M T_{rs}^M ① \qquad (3-6)$$

地区 s 的价格指数可写为：

$$G_s = \left[\sum_{r=1}^{R} n_r (p_r^M T_{rs}^M)^{1-\sigma} \right]^{\frac{1}{(1-\sigma)}} \qquad (3-7)$$

之所以此时的价格指数不可以再写成积分的形式，原因在于 T_{rs} 各不相同，所以无法积分。根据单一产品的需求函数，可得到地区

① *M* 代表制造业产品（manufactured goods）而不是次幂，下同。

s 对地区 r 生产的产品的需求为：$\mu Y_s\left(p_r^M T_{rs}^M\right)^{-\sigma} G_s^{(\sigma-1)}$，$Y_s$ 是地区 s 的收入，收入都用于消费。由于存在冰山形式的运输成本，所以装运数量是到货数量的 T_{rs} 倍。将 s 从 1 取到 R，可得到典型地区 r 的某种产品的总销售量为：

$$q_r^M = \mu \sum_{s=1}^{R} Y_s\left(p_r^M T_{rs}^M\right)^{-\sigma} G_s^{\sigma-1} T_{rs}^M = \mu \sum_{s=1}^{R} Y_s\left(p_r^M\right)^{-\sigma} G_s^{\sigma-1}\left(T_{rs}^M\right)^{1-\sigma}$$

$$(3-8)$$

关于总销量的影响因素可作如下分析：

（1）因为 $1-\sigma < 0$，所以 T_{rs} 越大，则 q_r^M 越小。即地区 r 相对于其他区域越不可达（距离更远、交通条件不好，或两者兼而有之），生产的（某一种产品）的总销量就越小。这并不是一个显而易见的结论，只有在以上"量化"的表达式中才能得到。原因在于地区 r 如果距离其他地区遥远，运输成本大，对销售量会产生两种不同方向的影响：第一，由于路途上损失更多（冰山成本），所以必须装运更多才可以，这样会促进产品的生产；第二，由于运输成本高昂，所以地区 r 的产品在其他地区的价格会更高（为 $p_r^M T_{rs}^M$），这样其他地区对地区 r 的产品需求会减少，从而抑制生产。这两种相反力量的作用结果是更大的 T_{rs} 会使被需求量减少。也就是说，由（运输成本提高导致的）价格升高产生的抑制效应大于冰山成本引起的产量增加效应。这与我们对现实的认知是相符的，现实中，偏远地区的企业所生产的产品的销售数量确实要更小，这也是有竞争力的企业要到大市场建厂的原因。

（2）地区 r 的产品价格更高。从上式中可以得出，地区 r 的制造业产品的出厂价为 p_r^M，到地区 s 后价格则为 $p_r^M T_{rs}^M$，由于 $T_{rs}^M > 1$，则价格升高了；反过来，地区 s 生产的产品到了地区 r 后价格也从

p_s^M 上涨到 $p_s^M T_{sr}^M$，注意到 $T_{rs}^M = T_{sr}^M$（从地区 r 到地区 s 的运输成本与从地区 s 到地区 r 的是相同的），这意味着，其他地区运送到 r 地区的产品的价格也同比例提高了。也就是，地区 r 越隔绝，越不可达，则该地区的"进口"自其他区域的产品在本地区的价格就越高（必须加上更高的运输成本），而这种高价格水平对本地企业是一个保护，因为本地企业在当地销售不需支付运输成本，高价格可以覆盖更高的生产成本，所以，这种由高运输成本带来的高价格对竞争力相对弱的企业是一种保护。在区域的空间尺度下，这种保护其实是一种"离心力"——一些竞争力弱的企业从集聚地区转移到偏远地区可以将产品卖到更高的价格，代价是销量会更小。

（3）G_s 越高，则地区 r 的产品销量越高。也就是，如果可与地区 r 进行贸易的其他区域的产品价格水平比较高，那么地区 r 的产品产量将会更大。这一逻辑必须在垄断竞争的框架下理解：在此市场结构下，产品之间可以在一定程度上替代，如果其他区域的产品价格较高，本地区的产品就可以"出口"去进行替代。如果其他地区的价格水平足够高，即使运输成本较高也可以被抵消。

（4）Y_s 越大，则地区 r 的产品销量会更大。也就是说，其他区域的收入水平越高，地区 r 的产品被需求量越大。该结论的空间含义是：如果地区 r 周边的区域收入水平很高，则该地区的产品销量越大。这一结论对应着，现实中经济繁荣的区域往往能够带动周边区域的经济发展，其中，区域间的产品贸易是主要机制之一。

必须认识到的是，以上四点的总结是建立在垄断竞争的框架下。首先，既然在存在运输成本的情况下仍然会发生区域间的贸易，发生产品的运输，所以一定不是在完全竞争的框架下（这在第 2 章已有详细论述）。只有在产品之间的替代性有限（体现在 σ 的有限），即产品之间有差异的情况下才会在存在运输成本的情况下发生产品的区域间的贸易。其次，在垄断竞争的框架下，即使（由于运输成本带来）价格上涨也仍然会有销量，但是销量会随价格上涨而下降（垄断竞争厂商的需求曲线是向右下方倾斜的）。运输成本是分散力量，是一股离心力，过高的运输成本会使集聚难以实现。关于这一点，与本书第 1 章中的运输成本导致空间上经济绝对平均分布的"后院经济"在本质上相同，只是"后院经济"是在完全竞争、没有固定成本（无规模经济下）的情况下得到的结论，所以只要运输成本为正就会出现"后院经济"，即不会存在区域尺度下的集聚；但此处的研究是在垄断竞争、固定成本存在的前提下，所以允许运输成本在一定范围内存在仍可发生集聚，但是运输成本的上涨仍然是一股离心力，会使得集聚不稳定，在考虑到企业的异质性时，会使集聚程度有改变。

3.2 企业规模与市场规模不相关的原因探讨

在生产者行为中，假定农产品的生产是规模报酬不变的（意味着无固定成本）。而制成品的生产存在（内部）规模经济。假定所有地区的所有制成品的生产技术相同，因为存在规模经济所以存在固定投入 F，边际成本为 c^M，假定只存在一种投入劳动 l，则制造业产品的成本函数为：

$$l = F + c^M q \qquad (3-9)$$

下面将位于地区 r 的厂商的利润表示如下：

$$\pi_r = p_r q_r - w_r (F + c q_r) ① \qquad (3-10)$$

为求出均衡解，这里要使用两个限定条件：（1）利润最大化的一阶条件，（2）零利润条件。利润最大化的一阶条件很好理解，对于任何市场结构的厂商的利润最大化都是对产量求一阶导数，令其为零（实质就是边际收益等于边际成本）；而零利润条件则认为垄断竞争下的厂商利润为零，原因是该市场结构下厂商的进入和退出都很容易。将此两个条件分别用于式（3-10）。可得地区 r 生产的产品价格：

$$p_r = c w_r / \rho \qquad (3-11)$$

均衡产量为：

$$q^* = F(\sigma - 1)/c \qquad (3-12)$$

将 q^* 代入成本函数中，可得每个企业雇佣的劳动力的均衡数量为：

$$l^* = F\sigma \qquad (3-13)$$

如果地区 r 的工人总数为 L_r，则该地区制造业企业的总数为：

$$n_r = \frac{L_r}{l^*} = \frac{L_r}{F\sigma} \qquad (3-14)$$

对以上的结论，藤田昌久等给出的评价是："市场规模既不影响边际成本加成定价②也不影响单一产品的生产规模，因此所有的规模效应都是通过产品种类的变化发生作用的"。通过分析，这里的"市场规模"应该指的是"本地市场规模"，在这里用地区 r 的

---

① 由于此后一直在讨论制造业部门，所以可以将标识 M 去掉，并不至引起混淆。

② $p_r = \dfrac{c w_r}{\rho} = c \dfrac{w_r}{\rho}$，即可认为是边际成本 c 的加成 $\dfrac{w_r}{\rho}$。

工人总数 L_r 来体现，也就是说，这里提到的个体都是具有"双重身份"的，既是劳动者也是消费者。之所以说藤田昌久等认为市场规模没有影响产品价格和生产规模（这里是用企业雇佣的工人数量来体现生产规模的）是因为产品价格与单个企业雇工数量的表达式中都没有出现 L_r。而这一结果是反经济学直觉的。之所以这样说，是因为这一结果与规模经济有矛盾之处，以下对企业雇佣的均衡劳动力数量进行分析。

（1）审视 $l^* = F\sigma$，解释该式的经济学意义。如果该企业所需的固定投资数量较大，即 F 较大，则企业规模更大。这一点易于理解，因为 F 体现着企业的内部规模经济程度，而且，在（上一节）产品的成本表达式中，固定成本也是由所需的劳动力数量来表示。这意味着，如果固定成本大，将从两个方向推动企业规模变大：一是直接的影响，即固定成本是由劳动力构成，固定成本大，所需的劳动力就要更多；二是间接的影响，即固定成本大对应着更显著的规模经济，而内在要求企业有更大生产规模。

（2）再看式（3-13）的第二项，企业雇工数量与产品间的可替代性的大小（σ）成正比。σ 越大意味着产品之间越能够替代，就越接近完全竞争的市场结构，如前一章所述，如果产品无差异且无规模经济的话，则不可能发生运输（或者说区域间的贸易），所以当产品间的差异变小（即可替代性增大）时，只能依靠更大的规模经济效应来弥补，所以企业规模会扩大，即 l^* 增大。

分析到这里，企业规模并不体现当地市场规模（L_r）这个令人费解的结论有了答案。根本的原因在于产品之间的替代弹性均为 σ，则任意一种产品的需求价格弹性也为 σ（在该种产品取不同价格及

产量时均为 σ），这一结论在这里不给出严格证明，但举出一极端情况供读者理解两者的相等关系：假如各产品间接近完全替代，那么产品间的替代弹性 σ 接近无穷大，这意味着，如果某一种产品价格有些许上涨，就会有别的产品将其替代，其销量就将降到接近于零，也就是说该产品的需求价格弹性也接近无穷大。

现将这个重要结论的原因总结如下：正是因为任意一种产品的需求价格弹性总是为 σ，所以利润最大化条件下的该产品价格为确定的 $\left(p_r = \dfrac{cw_r}{\rho}\right)$①，而确定的价格则对应着唯一的产量（垄断竞争性企业的需求曲线向下倾斜，使得价格与产量具有一一对应的关系），确定的产量对应着确定的成本（成本以工人的使用数量来体现）。也可以更概括性地解释，由于是垄断竞争性的企业，为了保证一定的价格水平，其产量则不可太大，而在固定需求价格弹性的设定下，其产量是固定的，从而有固定的价格和固定的企业规模。

深刻理解垄断竞争的特质是理解区域层面企业多样化集聚的关键，为了理解以上结论，读者可进一步做以下思考：如果一个特定地区，比如地区 r，他的所有资源（这里的资源形式假定就是劳动力）都属于同一个企业家，那么这个企业家会怎样决策呢？他（或她）是会只建立一个大规模的企业只生产一种产品，还是会兴办若干个企业生产多种产品呢？前者 r 地区将所有劳动力投入到一家企业，后者将把劳动力分配到若干家企业。决策的机制如下，如果可

---

① $p_r = \dfrac{cw_r}{\rho}$ 中，边际成本 c 值固定（由生产技术决定），ρ 值固定 $\left(\sigma = \dfrac{1}{1-\rho}\right)$，$w_r$ 被认为是外生的，原因是每个企业必须接受一个既定的工资价格，则 p_r 是确定的。

供选择的产品之间的差异很大①，即相互替代性不足，他会建立多个企业生产多种产品，不会去追求生产单一产品所带来的规模经济，因为生产单一产品的话，产量大会让需求量下降很快；如果可供选择的产品之间差异很小，则有可能只建立一个企业，生产一种产品，去追求规模经济，因为如果产品差异小，即使生产多种产品，彼此之间也会因相互替代导致价格指数下降，从而蒙受损失，同时又失去了规模经济带来的效益。以上的论证是要说明，在垄断竞争的市场结构下，企业的规模的有限性并不一定是由市场规模等客观因素限制的，也可能是由产品自身的特性导致的。

3.3　企业数量与价格水平的关系讨论

如上文，区域 r 的制造业企业数量的表达式为：

$$n_r = \frac{L_r}{l^*} = \frac{L_r}{F\sigma} \qquad (3-15)$$

可见，区域内企业的数量是市场规模的正比例函数，也就是，区域内劳动力数量的增加的效应使该区域的企业数量增加，由于企业与产品是一一对应的关系，所以区域内产品种类数增加。结合式（3-7），产品种类数更多意味着更低的价格指数 G。显然，更低的价格水平源于更多厂商间的竞争更加激烈。由于厂商的利润为零，此处先不讨论更低的价格水平带给厂商的得失。对于消费者，更低的价格水平增加了效用水平，是集聚地区向心力的重要来源之

———————

① 可供选择生产的产品种类是既定的，企业只能够在其中进行选择。

一。必须认识到的是，垄断竞争模型中集聚地价格水平更低的结论是在只考虑竞争效应的前提下得到的。再度审视典型地区的价格指数 $G_s = \left[\sum_{r=1}^{R} n_r (p_r^M T_{rs}^M)^{1-\sigma} \right]^{\frac{1}{(1-\sigma)}}$，一个地区的价格水平由该地区的"运输可达性"决定，所谓集聚地的"厂商竞争更激烈导致价格水平降低"的实质是集聚地当地生产的产品种类更多，只有少部分在其他地区生产的品类需要运输抵达本地，由于有更多的品类不需要支付运输费用，所以集聚地的价格水平更低。从而，集聚地厂商竞争更激烈的本质是空间差异。一个更深刻的问题是，以上的价格指数的确定并没有考虑到本地区的需求情况。为了理解这个结论，可以设想某一区域为一个不毛之地，没有一个企业和工人，可以认为该地区没有需求，但是，我们也仍然能够通过以上的价格指数表达式计算出该地区潜在的价格指数，而且，由于所有产品运达本地都需要支付运输成本，所以该地区的价格指数要高于其他地区。

现实中，集聚地的价格水平除了受上述竞争效应的影响外，集聚地区更大的需求对价格水平变动有相反的作用，即会促进价格上升。理论中的集聚地区对应着现实中的大城市。关于大城市的价格水平是否低于小城市，黄新飞等（2021）研究了城市规模如何通过需求效应和竞争效应影响商品价格，研究结果表明，采用条形码商品微观价格和环境绩效指数（EPI）指标数据后，大城市商品价格相对偏低，竞争效应的作用显著高于需求效应，验证了新经济地理学说中的以冰山成本理论为基础的价格指数的理论预测。对消费者来说，集聚地区更低的价格水平可以增加效用（实际收入），是一种向心力；对于企业来说，更低的价格是一种离心力，有使企业想脱离集聚地区的倾向，但脱离的代价是面对更小的本地市场。关于这一点，后续将有详细解释。

3.4 影响制造业企业工资水平的机制分析

从需求的视角看，r 地区的某种产品的总需求量为：

$$q_r = \mu \sum_{s=1}^{R} Y_s \left(p_r T_{rs} \right)^{-\sigma} G_s^{\sigma-1} T_{rs} \qquad (3-16)$$

当需求等于厂商（利润最大化）的供给时，市场出清，将利润最大化时的 $p_r = \dfrac{cw_r}{\rho}$ 代入式（3-16），整理后可得：

$$w_r = \left(\frac{\sigma-1}{\sigma c} \right) \left[\frac{\mu}{q^*} \sum_{s=1}^{R} Y_s \left(T_{rs} \right)^{1-\sigma} G_s^{\sigma-1} \right]^{\frac{1}{\sigma}} \qquad (3-17)$$

这便是地区 r 的制造业工人工资的表达。名义工资除以生活费用指数为实际工资：

$$w_r = \frac{W_r}{G_r^{\mu} \left(p_r^A \right)^{(1-\mu)}} \qquad (3-18)$$

其中，生活费用指数不同于制造业产品价格指数，生活费用指数是制造业产品价格指数与农产品价格共同构成的，权数分别是两类产品在收入中所占的比例。

审视名义工资方程。可以发现，周边区域的收入水平越高（Y_s 越大）、交通可达性越好（T_{rs} 越小）、周边区域的价格水平越高（G_s 越大），名义工资就越高。如果深入思考，会发现这个看似很合理的结论却并不那么简单。这里最关键一环是要理解，以上三个方面对工资水平的影响都是通过影响产品价格来实现的。具体讨论如下：

（1）Y_s（s 从 1 取到 R，下同）提高，可用于购买产品的收入就会增加，但是，对于任意一个企业来说，均衡产量是确定的，有 $q^* = F(\sigma - 1)/c$，即利润最大化下的均衡产量由企业生产技术与产品之间的替代特性所决定，是完全独立于 Y_s 的（也独立于 T_{rs} 和 G_s），是确定的。所以，更多的收入用于购买地区 r 的某一种产品只会推高该产品的价格，而并不会增加该产品的产量。如前，产品价格与工人工资有确定的比例 $p_r = \dfrac{cw_r}{\rho}$，所以工资水平会上涨。

（2）交通可达性对工资的影响也是通过价格来实现的。如果可达性很差，比如该地区与其他地区距离遥远，则 T_{rs} 很大，而该企业仍然要卖出均衡产量，其"到岸价格（$p_r T_{rs}$）"不能过大，只能通过降低 p_r 来控制 $p_r T_{rs}$，从而工资水平随之下降。

（3）如果各区域的价格指数（G_s）都很高，地区 r 会更多地将购买力转向本区域产品，而产量是确定的，所以产品价格将会提高，工资水平随之提高。一个较常见的错误理解是，其他区域如果增加了对本地区制成品的购买数量，该企业将因为生产更多产品而获得更多收入使工资上涨。错误之处在于忽略了在该模型的分析框架内，均衡的产量是确定的，更大的需求只能导致更高的价格；此外，即使需求的增加导致产品产量的增加（当然这只是假设），也不能导致工资的上升，因为产量的增加对应着使用更多的劳动力（也可能是每个劳动力需要工作更长时间），所以增加的收入要分配给更多的劳动力，每个劳动力的以单位时间计的工资并无上涨。从实际工资来看，地区的物价指数越低则实际工资越高，这是集聚地区的向心力来源之一。

为了将价格指数与工资方程的表达简化，做如下标准化：$c =$

$\dfrac{\sigma-1}{\sigma}$，结合价格表达式，从而有 $p_r=w_r$，$q^*=l^*$。选择合适的计量

单位得：$F=\dfrac{\mu}{\sigma}$，$n_r=\dfrac{L_r}{\mu}$，根据厂商零利润条件，产出水平为：

$q^*=l^*=\mu$。这里可做标准化的依据是，可以自行划分产品的单位，

比如使单位产品的边际成本等于某一值就可以通过重新规定产品的

计量单位而获得。

这样可以简洁地表达价格指数和工资方程。这里需要强调的

是，之所以要重新表达是因为这两个量是决定人口是否在区域间

流动并发生集聚的决定性因素：工资水平除以价格指数就是实际

工资，在模型中，更高的实际工资对应着更高的效用，而在模型

中人的流动就是为了更高的效用水平。价格指数和工资方程分别

简化为：

$$G_r=\Big[\sum_{s=1}^{R} n_s\,(p_s T_{sr})^{(1-\sigma)}\Big]^{\frac{1}{(1-\sigma)}}=\Big[\frac{1}{\mu}\sum_{s=1}^{R} L_s\,(w_s T_{sr})^{(1-\sigma)}\Big]^{\frac{1}{(1-\sigma)}}$$

$$(3-19)$$

$$w_r=\Big[\sum_{s=1}^{R} Y_s\,(T_{rs})^{1-\sigma} G_s^{\sigma-1}\Big]^{\frac{1}{\sigma}} \qquad (3-20)$$

3.5　区域内市场效应与集聚

3.5.1　价格指数与区域内市场规模

为了考虑人口在区域间的流动，D－S 模型考虑了一个两区域

（分别命名为区域 1 和区域 2）的模型，将价格指数方程简化为两区域的指数表达，两个区域的价格指数方程为：

$$G_1^{1-\sigma} = \frac{1}{\mu} \left[L_1 w_1^{1-\sigma} + L_2 (w_2 T)^{1-\sigma} \right] \qquad (3-21)$$

$$G_2^{1-\sigma} = \frac{1}{\mu} \left[L_1 (w_1 T)^{1-\sigma} + L_2 w_2^{1-\sigma} \right] \qquad (3-22)$$

两个区域的工资方程分别为：

$$w_1^{\sigma} = Y_1 G_1^{\sigma-1} + Y_2 G_2^{\sigma-1} T^{1-\sigma} \qquad (3-23)$$

$$w_2^{\sigma} = Y_1 G_1^{\sigma-1} T^{1-\sigma} + Y_2 G_2^{\sigma-1} \qquad (3-24)$$

这里运输成本的表达只有 T，原因是这里只有两个区域，有 $T_{12} = T_{21} = T$，即从区域 1 到区域 2 的运输成本等于区域 2 到区域 1 的运输成本。为了发现集聚的纯粹的经济学机制，模型最初假定两个区域完全相同。对 $G_1^{1-\sigma} = \frac{1}{\mu} \left[L_1 w_1^{1-\sigma} + L_2 (w_2 T)^{1-\sigma} \right]$ 取全微分，并将 $\mathrm{d}w = \mathrm{d}w_1 = -\mathrm{d}w_2$；$\mathrm{d}L = \mathrm{d}L_1 = -\mathrm{d}L_2$① 代入，可得：

$$(1-\sigma)\frac{\mathrm{d}G}{G} = \frac{L}{\mu} \left(\frac{G}{w} \right)^{\sigma-1} (1-T^{1-\sigma}) \left[\frac{\mathrm{d}L}{L} + (1-\sigma)\frac{\mathrm{d}w}{w} \right]② $$

$$(3-25)$$

在此环节中，读者必须要理解，由于 T 是固定不变的，不可对其取微分。审视式（3－25），判断人口流入（或流出）对本地区的价格指数的影响，即 $\mathrm{d}L$ 与 $\mathrm{d}G$ 的符号关系。如果认为制造业供给具有完全弹性，则 $\mathrm{d}w = 0$，这意味着劳动力能够在区域间迅速地转移并补充。当 $\mathrm{d}w = 0$ 时，原因是，$(1-\sigma) < 0$，且 $T > 1$，有 $(1-$

---

① 当两个地区完全相同，且经济系统中只有这两个区域时，一个地区的微小变化总能引起另一个地区相反的等量变化。

② 刊载此模型的原书及后来的主流译本均将此式中等号右边的 $(1-T^{1-\sigma})$ 误写作 $(1+T^{1-\sigma})$，从而缺少了一部分重要的空间问题探讨，讨论详见本书接下来的正文部分。

$T^{1-\sigma}) > 0$，所以，$\mathrm{d}L$ 与 $\mathrm{d}G$ 的符号相反，也就是说，当一个区域有劳动力流入时（$\mathrm{d}L > 0$），该区域的价格水平会下降（$\mathrm{d}G < 0$），工人流入某区域会使该区域的实际工资提高，从这一视角看集聚是可持续的（当然这是在没考虑工作变化的情况下得到的）。注意式（3 - 25）中（$1 - T^{1-\sigma}$）项，当运输成本很小时，即当 T 接近 1 时，（$1 - T^{1-\sigma}$）接近零，即式（3 - 25）等号右边接近零，即无论 $\mathrm{d}L$ 是正是负都不再影响 $\mathrm{d}G$。这个结果告诉我们，如果没有运输成本，则集聚与否都不影响各区域的价格指数，也就是说如果没有运输成本，生产区位并不影响不同地区的价格指数，当然，如果没有运输成本，也就不再有空间维度。

对工资方程用同样方法得：

$$\sigma \frac{\mathrm{d}w}{w} = \frac{Y}{w}\left(\frac{G}{w}\right)^{\sigma-1}(1 - T^{1-\sigma})\left[\frac{\mathrm{d}Y}{Y} + (\sigma - 1)\frac{\mathrm{d}G}{G}\right] \quad (3 - 26)$$

此式也表达出一个重要的信息，如果没有运输成本（或接近没有运输成本），即如果 T 等于零（或接近于零），则区域收入的变化并不会影响工资水平（前文已说明不存在运输成本时价格指数不会随劳动力流动而改变），结合上一个结论，可知在此模型中，区域间的工资差异、价格差异都是由运输成本的存在导致的。如果无运输成本，则经济活动在空间上如何分布都不会导致区域间的价格与工资差异。

引入一个新变量 $Z \equiv \dfrac{1 - T^{1-\sigma}}{1 + T^{1-\sigma}}$，$Z$ 是贸易成本指数，介于 0 ~ 1 之间。如果贸易无运输成本，即 T 等于 1，那么 Z 等于零；如果 T 无穷大，即贸易是不可能的，则 $Z = 1$，联立上两式，并消去 $\dfrac{\mathrm{d}G}{G}$，有：

$$\left[\frac{\sigma}{Z} + Z(1-\sigma)\right]\frac{\mathrm{d}w}{w} + Z\frac{\mathrm{d}L}{L} = \frac{\mathrm{d}Y}{Y} \qquad (3-27)$$

如果一个区域的劳动力从其他部门流向制造业是完全无障碍的（反过来也一样，下同），或者其他区域的劳动力向本区域制造业部门流动是无障碍的，由于劳动力可以随时补充或流出，那么该区域的劳动力供给是具备完全弹性的，即工资变动为零，有 $\mathrm{d}w = 0$，那么，如果本地市场的需求增加，即 $\frac{\mathrm{d}Y}{Y} > 0$，$\frac{\mathrm{d}L}{L}$ 将增加为原来的 $\left(\frac{1}{Z}\right)\frac{\mathrm{d}Y}{Y}$ 倍，由于 $\left(\frac{1}{Z}\right) > 1$，所以制造业部门的增长 $\left(\text{体现在}\frac{\mathrm{d}L}{L}\text{的增长上}\right)$ 比例要大于最初引起增长的需求增加的比例，本地市场效应是放大的。如果该区域的劳动力供给并不是具有完全弹性的，则还会带来另一种效应——工资上涨效应。如果劳动力供给不是具备完全弹性的，则 $\mathrm{d}w \neq 0$，那么，等号右边的需求增加比例 $\frac{\mathrm{d}Y}{Y}$ 将由等号左边的两项共同"分享"，$\frac{\mathrm{d}w}{w}$ 前的一项 $\left[\frac{\sigma}{Z} + Z(1-\sigma)\right]$ 可变形为 $\left[\sigma\left(\frac{1}{Z} - Z\right) + Z\right]$，$\frac{1}{Z} > Z$，所以该项为正，即 $\frac{\mathrm{d}w}{w} > 0$，也就是说，本地的市场效应将带动工资上涨。而如前所述，集聚地区的制造业较大的比例会使得该地区的价格水平较低（更多的产品不需支付运输费用），也就是说如果本地市场对制造业产品的需求增加，会使得实际工资增加，对可以跨区域流动的制造业劳动力①是一种吸引力。由于制造业劳动力本身也是消费者，所以会形成本地制造业劳动力

———————————

① 模型中假设农业劳动力不能够流动。

流入—本地市场需求增加—制造业部门增长—实际工资增长—制造业工人再度流入的因果循环机制，这是区域尺度下集聚的根本机制。

3.5.2 理论上的区域非过度集聚——"非黑洞"条件的再理解

以上已经在一定的假设条件下，从理论上证明如果一个区域的制造业部门扩大，将会使当地的实际工资增加，这将进一步吸引其他区域的劳动力向该地区流动。从而产生一个问题：对这种流动有没有一种抑制力？如果没有，那么所有的制造业企业都会集聚在一个区域，而这个地区则类似于一个黑洞，所有制造业都被其吸引过来，其他区域只有农业，这与现实不符合。如果有，这种力量是什么？在对此问题发问的同时，一定要意识到，我们是在区域的空间尺度下探讨问题，如果是在城市的尺度下，过于集聚导致的居住面积狭小、通勤成本过大等会是过分集聚的抑制力量，而在区域层面上，尺度远大于单个城市，这些因素则不能解释为何没有过度集聚。一个思路是，在区域层面上，不会有特别明显的规模报酬递增。那么，在区域层面上，规模报酬递增的程度要限制在什么范围内，才不会发生过度集聚呢？我们先看他的数学条件。克鲁格曼在一个"封闭"区域的假定下推导了该问题的数学条件。读者需要理解的是，所谓"封闭"区域，指的并不是人员被封闭不能流动（如果是这样还哪有集聚可言），而是指该区域得不到来自外界的货币支付，即产品不能卖到其他区域（或者认为运输成本极大，即有

$Z=1$），必须靠当地人员（包括后来迁移来的）消化，即可分配的名义收入是既定的。现将克鲁格曼的数学推导过程介绍如下。

某区域制造业工人的实际工资如下：

$$\omega = wG^{-\mu}\left(p^{A}\right)^{-(1-\mu)} \tag{3-28}$$

两边取对数，并对其求全微分得：

$$\frac{\mathrm{d}\omega}{\omega} = \frac{\mathrm{d}w}{w} - \mu\frac{\mathrm{d}G}{G} \tag{3-29}$$

综合（式 3 - 29 重新编号）、（式 3 - 39 重新编号）可得：

$$\frac{\mathrm{d}\omega}{\omega} = (1-\mu)\frac{\mathrm{d}Y}{Y} + \left(\frac{\mu-\rho}{\rho}\right)\frac{\mathrm{d}L}{L} \tag{3-30}$$

由于无法与其他区域进行贸易，所以该地区制造业所获得的总名义收入不变，有 $\mathrm{d}Y=0$，则式（3 - 30）可写为：

$$\frac{\mathrm{d}\omega}{\omega} = \left(\frac{\mu-\rho}{\rho}\right)\frac{\mathrm{d}L}{L} \tag{3-31}$$

不发生过度集聚的条件，即所谓非黑洞条件为 $\mu-\rho<0$，即 $\mu<\rho$。下面对该条件进行分析与解释。

该式建立了某区域制造业工人变化与该区域实际工资变化的数量关系，由于该式的所有参数均不是具体的值，所以，我们感兴趣的其实是两者之间的变化关系。非黑洞条件意味着该区域制造业的劳动力增加将使得制造业的实际工资率下降。那么，在封闭经济体的假设下，制造业劳动力比例的增加将通过怎样的机制影响制造业的实际工资呢？（1）制造业劳动力的增加将使得工人的名义工资降低。原因是假设产品无法卖到其他区域，无法获得其他区域的货币支付，更多的工人分取数量一定的货币，名义工资必然会减少。（2）如前证明，企业与人口的集聚会加剧集聚地区的竞争，会降低该区域的价格指数。综合（1）与（2）可知，如果（1）产生的名义工资降低效应大于（2）产生的价格指数降低效应的话，则（封闭经济的）集聚地的实际工资会下降；反之，如果（2）的价格指数降低效应大于名义工资降低效应，则该区域的实际工资会上升。所谓"非黑洞条件"就是要为规模报酬递增设置上限，使（1）的效应一定要大于（2）的效应，也就是说如果一个区域不能进行区域间的制成品贸易的话，工人向其流动只能使实际工资降低①。"非黑洞条件"不易理解，作者依其逻辑设计如下例子供读者更形象地理解：

某天，硕士研究生小强要度过自己 23 岁的生日，他准备了一个生日蛋糕请同学们品尝。在确定被邀请人员的名单时，他犯难了，因为蛋糕只有一个，是只邀请同寝室的几位同学还是邀请全系的近百名同学都来参加呢？如果邀请全系的同学都来会发生两种方向的不同效应：第一，每个人能够分得的蛋糕数量极少，都是浅尝辄止；第二，近百名同窗聚在一起，气氛一定更加欢快。两种效应哪个更大一些？你怎样认为？如果你认为百名同学聚在一起所提升的氛围感无法弥补人均蛋糕减少量所带来的缺失，那么你就回答了"非黑洞条件"为规模报酬递增所设置的上限的根本原因。

必须注意的是，"封闭经济体"是克鲁格曼为了给规模报酬递增设置上限而做出的假设，在其他部分，该假设都不存在。在"非黑洞条件"对规模报酬递增的限定下，可以对地理上的集聚做进一步探讨。

---

① 关于此结论，一些主流译本将其语义译反，疑为措辞疏忽所致。读者可在阅读比较时多加注意，并体会"非黑洞条件"的深意。

第 4 章

中心—外围模型对区域
尺度下集聚的解释

现将克鲁格曼（1991）的中心—外围模型介绍如下，并在导致区域层面上集聚的视角下对其进行详细阐释。

4.1 集聚的决定因素：实际工资方程的表达

模型假定经济系统中有垄断竞争的制造业（M）与完全竞争的农业（A）两个部门。假设总的系统中有 R 个区域，总的劳动力数量为 1，则有 $L^M + L^A = 1$，制造业工人可以在区域间流动，而农业劳动力不可流动，r 区域所拥有的制造业劳动力份额为 λ_r，农业劳动力份额为 ϕ_r。仍然假定制成品的运输为冰山成本形式，而农产品的运输不需支付成本。此处，假定农业劳动力不可流动是合理的，因为对于农业最重要的生产资料——土地，是不可移动的。而农产品不需支付运输成本则并不合理，因为相同价值的农产品与制成品相比，运输成本更高，但是，考虑到农产品在消费中所占的比例已经很小，也可将其忽略。以农业的工资率为计量单位，有 $w_r^A = 1$。以 w_r 表示区域 r 制造业的名义工资，以 ω_r 表示该区域制造业的实际工资。平均实际工资为：$\bar{\omega} = \sum_r \lambda_r \omega_r$。并且有：

$$\dot{\lambda}_r = \gamma(\omega_r - \bar{\omega})\lambda_r \qquad (4-1)$$

$$\dot{\lambda}_r = \frac{d\lambda_r}{dt}$$

即地区 r 的制造业劳动力所占份额随时间变化的速度与该地区工资率偏离平均工资率的大小成正比，或者说，该区域吸引其他地区劳动力向本地区集聚的速度与本地区工资率超出平均工资率的大小成正比。当然，如果本地区的工资率小于平均工资率，制造业劳动力会从本地流出。

模型从各地区的收入、各地区制成品的价格、工人工资、实际工资率几方面来确定均衡状态。有：

$$Y_r = \mu\lambda_r w_r + (1-\mu)\phi_r \qquad (4-2)$$

$$G_r = \left[\sum_s \lambda_s (w_s T_{sr})^{1-\sigma} \right]^{\frac{1}{1-\sigma}} \qquad (4-3)$$

$$w_r = \left[\sum_s Y_s T_{rs}^{1-\sigma} G_s^{\sigma-1} \right]^{\frac{1}{\sigma}} \qquad (4-4)$$

$$\omega_r = w_r G_r^{-\mu} \qquad (4-5)$$

以上几个方程可解释如下：

（1）收入由制造业工人收入与农业收入两部分构成，在该表达式中，使用到了 $w_A = 1$ 的简化方式；

（2）价格指数方程则显示，如果地区 r 与其他制造业份额较大的区域更接近（意味着 T_{sr} 更小），则当地制造业产品的价格指数更低，这是一种"前向关联"，进一步地，如果其他区域的制造业都转移至该区域，则价格指数将达到最低，更低的价格是集聚的向心力之一。

（3）名义工资方程传递的一个信息是，如果与地区 r 较接近的区域收入水平较高，那么该区域的名义工资较高。这是关于集聚的重要动因，必须从数学与现实两个层面解读清楚。从数学上，$T_{rs}^{1-\sigma}$ 相当于是 Y_s 的权重，当然是更大的收入（Y_s）给到更大的权重（即更小的 T_{rs}，因为 $1-\sigma<0$）会有更高的名义工资，更高的收入是一种"后项关联"。从现实上理解，如果一个区域距离大市场（总收入较高的区域）比较近（T_{rs} 较小），则其产品支付的运输成本就较低，每单位产品厂商能够收到的价格便较高，由于产品价格与工人工资成正比，所以工人可以获得更高的名义工资。需要注意的一点是，虽然最后运费会被转移到消费者身上，但是，在垄断竞争性的市场结构下，为了不使销量减少太多，厂商会适度降低出厂价格（FOB 价）以使最终价格（CIF 价）不致增加过多。而厂商让渡部分利益的原理，非常类似于大国征收进口关税，出口国企业为了不失去过多的市场份额而选择降低出口价格。

（4）实际工资等于名义工资除以价格指数。必须强调的是，这里有一个错误的理解，即认为此处的价格指数没有考虑农产品的价格（因为农产品价格 P^A 没有出现在价格指数中），事实上，原因是农产品价格被标准化为 1，价格指数完整地体现了生活成本。

4.2 两区域模型中的经济集聚发生条件

由于难以依据上一节的瞬时均衡的 4 个方程得到一般解，λ 表示特征解也不易得到,藤田昌久等选择在一个只有两个区域的经济系统内对 λ 的变化进行讨论, λ 的变化代表着制造业工人比例的变化,亦即代表着制造业工人在区域间的流动情况。由于只有两个区域,便不再存在 λ_r,因为一个区域的制造业工人占比如果是 λ,另一个区域则是($1-\lambda$)。在两区域这个特例中,仅有两个经济体,农业在两个区域间平均分布,那么制造业是在两区域平均分布还是会集中在一个区域是一个需要解释的问题。是否会有一个地区成为制造业集中的中心区域,而另一个区域成为只有农业的外围区域?以下介绍并解读中心—外围模型是如何可以被用于解释区域尺度下的集聚的。

如果系统中只有两个区域,那么就意味着均衡时的 4 个方程可以分解成 8 个(r 取 1,2):

$$Y_1 = \mu\lambda w_1 + \frac{1-\mu}{2} \qquad (4-6)$$

$$Y_2 = \mu(1-\lambda)w_2 + \frac{1-\mu}{2} \qquad (4-7)$$

$$G_1 = \left[\lambda w_1^{1-\sigma} + (1-\lambda)(w_2 T)^{1-\sigma}\right]^{\frac{1}{1-\sigma}} \qquad (4-8)$$

$$G_2 = \left[\lambda(w_1 T)^{1-\sigma} + (1-\lambda)w_2^{1-\sigma}\right]^{\frac{1}{1-\sigma}} \qquad (4-9)$$

$$w_1 = \left(Y_1 G_1^{\sigma-1} + Y_2 G_2^{\sigma-1} T^{1-\sigma}\right)^{\frac{1}{\sigma}} \qquad (4-10)$$

$$w_2 = \left(Y_1 G_1^{\sigma-1} T^{1-\sigma} + Y_2 G_2^{\sigma-1}\right)^{\frac{1}{\sigma}} \qquad (4-11)$$

$$\omega_1 = w_1 G_1^{-\mu} \qquad (4-12)$$

$$\omega_2 = w_2 G_2^{-\mu} \qquad (4-13)$$

这里大致的思路是,将两区域的实际工资差($\omega_1 - \omega_2$)用包含 λ 的式子表达,当其他条件相同时,如果 $\lambda > \frac{1}{2}$ (即区域 1 所占的制造业工人份额高于区域 2 时），有两区域的实际工资差（$\omega_1 - \omega_2$）大于零，那么区域 2 的工人会继续向区域 1 集聚，形成中心—外围的状态，反之，则难以形成集聚。因为以上的非线性方程组求不出解析解。所以，很难得到用 λ 表示的特征解。为了对上述的实际工资差（$\omega_1 - \omega_2$）与地区的制造业份额 λ 的关系进行描述，克鲁格曼（1991）进行了对以上方程组赋值的计算实验。由于模型的核心是讨论空间问题，所以是在空间不同的影响程度上来分类探讨，从而在不同的运输成本下讨论集聚是否会发生。克鲁格曼的计算实验模拟结果如图 4 - 1 所示。

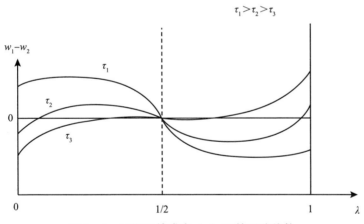

图 4 - 1　不同运输成本（τ）下的迁移趋势

在图 4 - 1 中，横坐标是区域 1 所占有的制造业份额，纵轴代表两个区域的实际工资差（$\omega_1 - \omega_2$）。图中的计算机模拟显示的结果可总结和分析如下。

（1）当两地间运输成本很高时，制造业将在两区域平均分布。

当运输成本很高时，即如果有 $T_1 = \tau_1$[①]，如图 4 – 1 所示，当 λ 小于 1/2 时，区域 1 的实际工资大于区域 2，由于区域 1 有更好的生活水平，此时会有区域 2 的制造业工人向区域 1 流动；但是，一旦当 λ 大于 1/2，$(\omega_1 - \omega_2)$ 的值立即转为负，意味着区域 1 多出的制造业份额会很快回流到区域 2。综合以上可以得到，当两地间的运输成本较大时，制造业将在两区域间平均分配，对称分布是均衡状态。

（2）当两地间运输成本适中，处于一定范围之间时，制造业既可能集中于某一区域，也可能平均分布在两个区域。如 $T_2 = \tau_2$、$\lambda = 0$、$\lambda = 1$ 或 $\lambda = \dfrac{1}{2}$ 都是均衡解。如图 4 – 1 所示，当 λ 略大于 1/2 时，$(\omega_1 - \omega_2)$ 会相应地变为负，区域 1 的制造业工人会向区域 2 流动，反之，当 λ 略小于 1/2 时，$(\omega_1 - \omega_2)$ 会相应变为正，区域 2 的制造业工人又会向区域 1 回流，所以，$\lambda = \dfrac{1}{2}$，即制造业工人在两区域间平均分配也是一种均衡状态。此外，在该曲线与水平线偏左的交点处，$\omega_1 - \omega_2 = 0$，暂无劳动力流动的趋势，但是如果在此点再向左偏一些，也就是工人再从区域 1 向区域 2 流出一些，会出现 $\omega_1 - \omega_2 < 0$，即会有区域 1 的实际工资小于区域 2 的实际工资，那么会促进区域 1 的工人进一步向区域 2 流动，直到 $\lambda = 0$，即所有工人都集聚到区域 2，形成中心—外围结构。在该曲线偏右的与横轴的交点上，情况与上述相同，只不过均衡点变成 $\lambda = 1$，即所有制造业

---

① （1）中并不是限于等于 τ_1 时，这里只是认为 τ_1 是一个较高的值，T_1 在较高的范围内取值都会得到制造业平均分布的状态。下文（2）与（3）的运输成本取值方法与此相同。

工人都集聚到区域 1，也仍然形成了中心—外围的结构。

（3）当运输成本很小时，集聚是唯一的均衡状态。如 $T_3 = \tau_3$，$\lambda = 1$ 或 $\lambda = 0$ 是均衡解，即制造业工人或是集聚在区域 1，或是集聚在区域 2。此处判断方法与（1）、（2）相同，不再赘述。

4.3　运输成本影响均衡状态的探讨及政策含义

上一小节是对由 4 个方程组成的方程组的数值模拟得到的结论，是数学的结论。但是，不能只满足于数学结论，而是要清楚其中的具体经济学机制。现将上述（1）～（3）结论的经济学机制分析如下。

4.3.1　高运输成本与制造业的平均分布

广义的高运输成本①是如何阻止企业都集聚到一个区域的呢？我们可以先做一个思想实验，假如制造业企业主要集聚在区域 1（也可以假定已经完全集聚到区域 1），而且运输成本又极高的话，两个区域会各自发生怎样的状况呢？又为什么会发生集聚地区的实际工资更低呢？如果区域 1 是集聚的，占有更多的制造业份额，那么区域 1 就会相对拥有更多的企业，生产更多的产品种类，而区域 2 生产的种类更少，这就产生了一个结果：由于区域 2 需要从区域 1 购买相对更多种类的产品，且运输成本很高，所以区域 2 的产品价

---

① 广义的运输成本指的是产品区域间转移而发生的费用，并不限于运输过程中。

格指数相对于区域1就会更高。所以，关键的是，区域2更高的价格水平会产生哪些效应？事实上，区域2更高的价格水平对于当地企业是一种"保护"，当地的企业就地销售产品而无须消耗运输成本（冰山成本），所以卖出的高价格是其能够收到的"净价格"，更高的价格对应着更高的工资率（由上文中的成本加成定价方式决定），而更高的名义工资率对制造业工人是一种集聚的向心力。此外，区域2更高的价格水平会使当地产品的价格指数升高，又有使实际工资降低的趋势。所以，相对于区域1，区域2的实际工资的高低取决于上述的名义工资效应与价格指数效应两种相反效应叠加后的结果。在运输成本高企的条件下，名义工资效应要超越价格指数效应，部分原因是价格指数被（各区域都相同的）农产品价格稀释了①（更深入的讨论在下一节进行）。从而，会有区域1的工人为了追求更高的实际工资而选择前往区域2，直至两边实际工资率相等，这意味着集聚不稳定，制造业的平均分布是稳定的。

关于对高运输成本会阻止集聚的机制的理解，读者可以试想一下如果运输成本极高，甚至两区域间接近于不可贸易，会出现怎样的情形呢？假设这时的区域2只有一个企业②，全域的消费者所需的制造业产品都由其供应，所以他将"享受"一个极高的价格水平。这里，读者可能会有疑惑，只有一家企业，只生产一种产品，是怎样满足消费者的需求的呢？原因在于最初的假定是制成品之间是能够相互替代的，相互替代程度是不变的（为 σ），只有一家企业会使得当地消费者减少制成品的消费，并用这一种制成品来替代

---

① 因为已假定农产品无运输成本，所以各地区农产品价格相等。
② 由于该区域还有不能够迁移的农民，所以这唯一的企业并不缺乏消费者。

其他制成品。由于无法购买到区域外的制成品，在当地消费者（包括当地农民与唯一的企业中的工人）的竞价下，制造业产品的价格会被推得很高，从而工人工资也将很高。这里的一个问题是，工人的工资高，但是制造业产品价格也高，怎样确保实际工资会高于其他区域呢？可以这样做类比：农民也食用农产品，但农产品价格高对农民来说仍然是利好；电视机行业的员工也需要电视，但电视价格上涨也会使该行业的从业人员获益。毕竟，该行业①的从业人员的全部收入来自该行业，而价格上涨的产品只是其所有消费品中的一部分，也就是说，工资的极大幅度的上涨可以超额覆盖价格指数的上升，使实际工资上升，从而会吸引区域 1 的制造业工人不断前往区域 2 寻求工作机会，使区域 1 的集聚难以被维持。

　　如果结合现实讨论，有一点必须注意到，在克鲁格曼的模型中，跨区域迁移的"发起者"是工人或员工，选择的方式是用脚投票，而不是企业的决策者的企业整体式外迁，而这种整体式迁移在现实中是极为常见的。但是，由于模型中企业零利润的假设，使得企业在哪里生产都不重要——都是不赔不赚，所以必然是追求更高实际收入的工人不断选择迁移，企业"被动"迁移。而在现实中，企业不可能没有盈亏，相对隔绝区域的高价格一定会对企业具有吸引力，企业很可能选择主动迁移，尤其是在考虑到企业的异质性的前提下，高价格对低效率企业是一种保护。这也是一些偏僻或欠发达地区能够存在一些较低效率的企业的原因。

---

　　①　因为之前为了说明问题假定该区域只有一个制造业企业，所以这个企业能够代表行业。

4.3.2 运输成本适中时的双重可能及政策的作用空间

如果运输成本并不取极端值，也就是两区域间的运输成本不太高也不太低时，经济既可能在两区域间平均分布，也可能集聚于某一区域，在模型中，这取决于初始时制造业在两区域的分配比例。如图4-1所示，以区域1为例，当其占有的制造业比例大于1/2但还未达到曲线与横轴在更右一点的交点时，制造业的分布有"自动回正"的力量，即区域1低于区域2的实际工资使一部分工人选择离开区域1，直到制造业的重新平均分配，此时两区域的实际工资再度相等，工人们没有迁移的倾向。另一种情况是，如果初始时期区域1的制造业占比很大，其份额λ在曲线与横轴右侧交点的更右端的话，区域1的实际工资将超越区域2，这会促进区域2的制造业工人进一步离开本区域前往区域1，直到λ=1，则制造业的集聚形成。

为什么在同样水平的运输成本下，集聚与平均分布都有可能是均衡状态呢？原因是，在λ只是略大于1/2时，区域1的厂商仍然要将相当一部分的产品运往区域2，需要支付运输成本；区域2由于产品种类与产量都相对少，更多的产品可以在当地销售（两地区的农民数量是相同的，对制造业产品的需求是相等的），这会使得该区域的厂商能够被支付的价格低于区域2，从而名义工资会低于区域2。当然，由于前向关联，区域1作为较大的市场，其价格水平较低，会有更低的价格指数，但在区域1的份额没有显著多于区域2时，价格指数的效应小于名义工资的效应，所以此时区域1的实际工资低于区域 2，制造业的工人会从区域 1 流向区域 2，使得集聚不能够形成。当 λ 远大于 1/2 时，也就是区域 1 的制造业份额已经远远高于区域 2 时，需要运输到区域 2 并支付运输成本的产品已经不多，且由于运输成本并不是太高，所以价格指数效应会大于名义工资效应，即实际工资会高于区域 2，使集聚可以形成。

以上的讨论揭示了重要的区域经济政策含义。从以上的分析可以得出，即使是最初完全相同的两个区域，如果有相关经济政策作用，一个区域也很可能在发展中成为制造业中心区域。如图 4-1 所示，在理论上，如果某一区域在政策的作用下，将本区域的制造业份额进一步扩大，那么就有可能进入快速发展的轨道，成为制造业的中心区域。

4.3.3　低运输成本与经济活动的集聚状态

如图 4-1 所示，当运输成本较低时集聚是唯一的均衡状态。仍然从实际工资决定的视角分析该结论。可以预期，制造业占比份额较大的区域生产的产品更多地可以在当地销售，因为当地的人口多，市场大，且不需支付运输费用，所以可收取的净价格较高，因而名义收入较高；而且，由于大市场的竞争激烈，本地的制造业产品价格指数较低，生活成本更低。综上所述，本地的制造业工人的实际工资更高，所以不会有工人选择流出，而且会有区域 2 的工人流入，因此会形成集聚的制造业中心状态。当运输成本较低时，区域 2 的价格指数虽然更高，但不至于对当地厂商形成足够的保护，当地厂商能够收到的净价格仍然低于区域 1。必须强调的是，区域 1

的价格指数低于区域 2 并不一定意味着区域 1 的厂商收到的净价格就会更低，消费者购买产品的价格扣除运输费用才是厂商能够获取的净价格，区域 2 的企业生产的产品相对更依赖区域 1 的市场，也会产生更多的运输费用。

通过对上述的分析可得，各种情况下，相对集聚的地区一定会有更低的价格指数，但是名义工资的高低却不确定。（1）当运输成本很高时，集聚地区由于要在运输过程中付出更多的成本（非集聚地区制造业产品种类与数量都较少，可以本地市场为主，从而减少运输的发生），所以能够收到的净价格较低，名义工资更低，低至即使价格指数更低也改变不了实际工资低于区域 2 的事实。（2）当运输成本介于一定区间内，初始时期集聚地区的制造业占比起到决定性的作用，当初始时占比很高时，无论集聚地区的名义工资相对高还是低，更低的价格指数都将占据主导地位，所以实际工资更高，会导致进一步集聚；当初始时占比只略微超过 1/2 时，更低的名义工资占据主导，实际工资将更低，此时，制造业平均分布是均衡的。（3）当运输成本较低时，制造业占比更大的区域无论在名义工资上还是价格指数上都占优，所以集聚是唯一的均衡。此外，还要强调的一点是，假如运输成本为零，各种程度的集聚 $\left(\frac{1}{2} < \lambda < 1 \right)$

与平均分布 $\left(\lambda = \frac{1}{2} \right)$ 都是均衡的。原因是，如果没有运输成本，各种产品在两个区域的价格都会相等，即两区域的价格指数相等；而且，无论制造业人口怎样分布，由于不需支付运输成本，所以，对于任意一个企业来说，在哪里生产都一样，从而使分布具有随机性。总结为一句话，如果没有运输成本，则经济系统中可以忽略空间维度。

以上分析表明，随着运输成本的下降，经济系统从制造业平均分布逐渐向集聚转化，也就是说，从该模型可推导出如下结论：随着交通运输水平的提高，经济的集聚程度倾向于增加。

4.4　区域尺度下经济集聚的维持

上一节，是以经济系统制造业的平均分布作为初始状态，进一步分析经济系统在何种条件下能够集聚。那么，如果初始时是集聚的状态，这种状态是否是稳定的均衡？做如下假设，如果区域 1 是制造业集聚地区，一小部分工人从区域 1 迁移至区域 2，如果他们能够得到比在区域 1 更高的实际工资，那么区域 1 的其他工人也会持续向区域 2 迁移，直到两区域的实际工资相等，这样，中心—外围的集聚状态就是不稳定的，反之集聚就是均衡状态，制造业的集中可以自我维持。为了考察中心—外围模式能否维持下去，克鲁格曼（1991）做了如下的推导。首先假定制造业全部集聚在区域 1，即有 $\lambda = 1$，然后在该条件下比较两区域的实际工资的高低，如果有 $\omega_1 \geq \omega_2$，那么区域 1 的工人就不会向区域 2 流动，制造业集聚的状态可以维持。如果再假定 $w_1 = 1$，则上一节的 4 个方程中的两区域的收入方程与价格指数方程可以写为：

$$Y_1 = \frac{1+\mu}{2} \qquad\qquad (4-14)$$

$$Y_2 = \frac{1-\mu}{2} \qquad\qquad (4-15)$$

$$G_1 = 1 \qquad\qquad (4-16)$$

$$G_2 = T \qquad\qquad (4-17)$$

从上述方程组中可得出，区域 1 的收入高于区域 2，原因是制造业集中在区域 1，这属于后向关联；此外，$G_1 < G_2$，从比例上可以很明显地看出原因，即区域 2 的制造业价格指数更高的原因是本区域所有制造业产品均需要运输，所以有 $\dfrac{G_2}{G_1} = T$。将以上结果代入实际工资方程可得 $\omega_1 = 1$，同时有：

$$\omega_2 = T^{-\mu}\left(\frac{1+\mu}{2}T^{1-\sigma} + \frac{1-\mu}{2}T^{\sigma-1}\right)^{\frac{1}{\sigma}} \qquad (4-18)$$

分析 ω_2 是否大于 1，如果大于 1，则集聚不能维持，反之可以维持。先对其分析如下。

（1）等号右边是两项的乘积，第一项是 $T^{-\mu}$，即 $\dfrac{1}{T^\mu}$，该项有着非常明确的经济学含义，由于所有的制造业产品均需要进口，所以制造业产品的价格指数为区域 1 的 T 倍，由于制造业的消费在总消费中占比为 μ，所以对实际工资的影响为 $\dfrac{1}{T^\mu}$。

（2）第二项代表着区域 2 的名义收入。一定要认识到的是，由于此时假定制造业全部集聚在区域 1，有 $\lambda = 1$，即区域 2 并不存在制造业，所以区域 2 的实际工资的真实含义是"如果区域 2 有 1 个企业①，他的工资水平是 ω_2"。在第二项中，$\dfrac{1+\mu}{2}T^{1-\sigma}$ 是区域 2 的唯一的"虚拟企业"能够从区域 1 获得的名义工资收入，结合以前章

---

① 此处只能假定有一个，因为如果假定有多个，那么 λ 将偏离 1 很多，制造业全部集聚于区域 1 的前提便不成立了。

节可知$\dfrac{1+\mu}{2}$可代表区域 1 的收入，理解该项的关键是 $T^{1-\sigma}$，而 $T^{1-\sigma}$

可以理解为一个权数，为区域 2 能够通过区域间贸易获取区域 1 的收入的程度。可知，区域间贸易成本越高，即 T 越大，区域 2 能够从区域 1 获取到的收入就越少（$1-\sigma<0$），原因是运输成本支出过多。可以推测，如果运输成本无限大，那么 $T^{1-\sigma}$ 接近于零，意味着区域 2 基本无法从区域 1 获得收入；相反，如果两区域间不存在运输成本，即有 $T=1$，则区域 2 从区域 1 获取收入不受距离的影响，且有 $\omega_2=\omega_1=1$，这意味着空间维度的消失。另一项$\dfrac{1-\mu}{2}T^{\sigma-1}$可以

这样理解：$\dfrac{1-\mu}{2}$代表区域 2 的总收入，在运输成本的影响下，区域

2 的收入能够被用于购买本区域产品的部分，即能够"留在本地的部分"，运输成本越高，两区域越隔绝，该项就越大。读者注意，由于 T 的变动会引起以上两项$\dfrac{1+\mu}{2}T^{1-\sigma}$与$\dfrac{1-\mu}{2}T^{\sigma-1}$向不同方向变化，

所以 ω_2 是否大于 1 并不是确定的。可将式（4-18）改写为：

$$\omega_2^{\sigma}=\frac{1+\mu}{2}T^{1-\sigma-\mu\sigma}+\frac{1-\mu}{2}T^{\sigma-1-\mu\sigma} \qquad (4-19)$$

可知当 $T=1$ 时，$\omega_2=1$。再对该式求全微分，并在 $T=1$ 处估计微分值，有：

$$\frac{\mathrm{d}\omega_2}{\mathrm{d}T}=\frac{\mu(1-2\sigma)}{\sigma}<0 \qquad (4-20)$$

即如果 T 略有增加则区域 2 的实际工资就将下降，即会有 $\omega_2<1$，那么区域 1 更高的实际工资便能够使集聚得以维持。

　　如果 T 很大，那么式（4-19）可近似写为：

$$\omega_2 = T^{-\mu}\left[\frac{1-\mu}{2}T^{\sigma-1}\right]^{\frac{1}{\sigma}} = \left(\frac{1-\mu}{2}\right)^{\frac{1}{\sigma}}T^{\frac{\sigma-1-\mu\sigma}{\sigma}} \qquad (4-21)$$

对 ω_2 进行讨论：

（1）如果 T 的次幂为正，则 ω_2 会很大，集聚不可能稳定，分散是均衡状态。如果 T 的次幂为正，有 $\sigma - 1 - \mu\sigma > 0$，将 $\sigma = \frac{1}{1-\rho}$ 代入，也可以表示为 $\mu < \rho$，则正是前文中的"非黑洞条件"。而这应该怎么解释呢？非黑洞条件指的是在封闭情况下，即无法进行区域间贸易的情况下，一个区域制造业工人的增加只能使该区域的工资水平降低，即无法完成集聚。而以上假设 T 非常大，即无法进行区域间贸易，这就相当于区域间是封闭的，既然是封闭的，又要保证集聚不能稳定，所以也必须满足非黑洞条件。

（2）如果 T 的次幂为负，则有 $\sigma - 1 - \mu\sigma < 0$，这正是"非黑洞条件"的反面。此时 ω_2 很小，制造业在区域 1 的集聚是稳定的。在不能进行区域间贸易的封闭经济的前提下还能实现集聚，就等于是不再满足"非黑洞条件"。该种情况就是前文中"生日蛋糕"例子的翻转了，即如同一个仅有的生日蛋糕被越多的人分享而每个人的效用还反倒增加了！

此外，由分析可知，σ 越小，则 ω_2 增加得越慢，即能够满足集聚的 T 的范围就越大，也就是集聚更容易发生。这里有一个重要的含义：替代弹性 σ 越小，则产品之间相互替代的能力越差，所以消费者更倾向于消费更多种类的产品，这意味着消费者即使付出更多的运输成本，也要从其他区域购买不同类型的产品，以达到一定的效用水平，也即意味着集聚的区域 1 迟迟不会成为封闭的经济体，从而可以从与区域 2 的贸易中获取收入，所以集聚相对会更加稳定。

问题的关键仍然是垄断竞争的市场结构，该市场结构下，产品在一定程度上能够相互替代，此处，相互替代的程度影响集聚作为均衡解的稳定程度。

此处强调一下，以上的分析并没有考虑两个重要的事实：

（1）企业之间的贸易联系也是集聚的动因之一。企业之间贸易的主要对象是中间投入品，如果考虑到中间产品也存在运输成本，则集聚的条件将会放松，也就是集聚更有可能发生。

（2）如果农民可以流动，且不影响农业产量的话，集聚更有可能发生。如果农民可以转变身份（城市化进程中），且农业产量不受影响（农业生产规模化），那么农民便可以向其他地区流动。由于外围不再有不可移动的购买力，所以集聚的离心力将会变小，使集聚更加容易发生。

第 5 章

区域集聚与城市
集聚机理的比较

相比之前章节中的城市尺度集聚理论模型，中心—外围模型是为了处理空间上更为宏观的区域尺度下的集聚而建立的。两类模型的建模思路不同。第一，因为空间尺度的不同，对不同尺度下的经济系统中的结构设定不同。第二，同样由于空间尺度与涵盖范围的差异，对集聚力量（向心力）与分散力量（离心力）的选择与权重均有不同。第三，对规模报酬递增的形式设定不同或至少是不同空间尺度下重点考虑的形式有所差别，可区分为生产商内部层面上的规模经济与产业层面上的（企业间的）外部规模报酬递增。

5.1　区域与城市集聚机理的假设条件比较

依据不同尺度的空间划分，对经济系统的运行规律有着不同的假定条件，初始的假定条件的差异在一定程度上对应着不同的理论结论，并深刻地影响着重要的空间变量（如运输成本）对集聚的影响方向及程度。

5.1.1　人员结构不同

区域尺度与城市尺度下的人员组成与分布结构有根本的不同。在区域模型中，假定各个区域中（中心—外围模型只假定两个区域）存在两种类型的人员[①]，即制造业工人[②]与农民，制造业工人可以在区域间自由流动，流动成本为零；而农民则不能流动（如果放松该假定，结果可能逆转，此处暂不讨论），或认为流动成本无限大，原因是对于农民最重要的生产资料——土地是不能移动的，由于不能流动，所以在经济运行过程中，农民的分布始终保持着初始状态——在区域间平均分布。在城市的尺度下，没有假定有农民的存在——整个城市内部（甚至在两个城市间）不存在不可移动的成员。区域尺度下存在农民但城市尺度下不存在农民的截然不同的假定是合理的，本书对区域的规定是宏观的，可能包含若干个城市甚至城市群，其间必然存在农业人口，而城市尺度则不同，在某种程度上，对城市的定义的前提恰恰是不包含农业人员。必须认识到的是，对区域尺度下存在农业人口的假定深刻地影响了均衡时经济活动的分布状态。由于农业人口的存在，使得任何一个区域，（即使是完全没有制造业的区域）都保留了一定程度的购买力（大小取决于农业人员所占的比例 $1-\mu$），而这部分购买力恰恰是区域间的分散力量——当运输成本较高时，制造业占比很小的区域的企业可以

[①]　因为每类模型中都强调人的职业属性，所以回避了使用"人口"一词。
[②]　此处将忽略制造业的内部分工，将工人、研发人员、销售人员统称为工人。

依托当地由农民购买力所创造的市场出售产品而维持生存，此时高运输成本导致的高价格反而成为对本地企业的保护力量，使集聚难以发生。反观城市尺度下的集聚，由于不存在农民的购买力，制造业占比小的地区面对的本地消费者更少，只能依赖其他地区的购买力，如果运输成本很高的话则难以为继，这里高昂的运输成本成为促进集聚的力量。

5.1.2 区域尺度下农产品无运输成本

另一个有关农业的假定是，区域层面上的农产品运输是不发生成本的，而城市层面上的所有产品的运输均存在运输成本。这个假定看似不合理，因为相对于农产品的价值，单位体积或质量的农产品的运输成本并不低。但是，一个趋势是农产品的消费占总消费的比例（恩格尔系数）越来越低，农产品的价格越来越难以影响消费者的效用和行为（包括迁徙行为）。由于假定农产品运输无成本，区域层面上的集聚并不会使该区域的人员面对（比其他分散区域的人员）更高的农产品价格。所以，该假定强化了区域层面的集聚力量，也意味着放松了集聚所需要的条件，这体现在对模型中各种参数的要求上。对于城市地区集聚模型，认为各种产品都有运输成本，但是，却没有将农产品单独列出，也就是认为所有产品均由中央商务区生产，而这样的假设会使得集聚能够规避运输成本，会加强城市层面的集聚。

5.1.3　不同尺度下中间产品的形式设定不同，进一步放大运输成本的作用

在两种尺度下，均有中间投入品存在，但对其的设定有诸多不同。第一，城市尺度下，在分享机制模型中，企业对中间产品的获取只能在城市范围内，即并不存在中间投入品的远距离运输。从这个视角看，城市集聚的分享机制模型中，中间产品主要指代一些"不可贸易产品"，更多的是象征着城市的公共产品与服务等，正是这些不可贸易且难以分割的产品和服务种类，使得企业能够在总支出成本一定的约束下，实现投入品种类意义上的规模报酬递增。由于只有在城市范围内才能获取如此多种类的投入品，所以这成为城市层面集聚的主要动因。第二，在城市集聚的知识溢出机制中，信息的本质是一种投入品，在该机制中，这种投入品有两个特点：无须支付但必须近距离才可获得（或者也可理解为，近距离不需成本，远距离传送的成本无限大）。这也是城市尺度下集聚的重要机制。综上所述，城市集聚理论中的投入品的获取方式，已经在一定程度上决定了城市的集聚是小空间尺度下的集聚。

在区域尺度下，中心—外围模型的拓展模型对待中间产品的做法是：在同一个区域内，一个企业从其他企业购买中间投入品不需要支付运输成本，而从其他区域购买投入品则必须支付运输成本。由于相较于城市，区域是更大的空间尺度，所以对中间产品的购买支付运输成本是一个合理的假设。由于每一个企业都需要多种中间投入品，所以，就规避运输成本这一目的而言，企业选址在企业众

多的集聚地区是明智之举。

综上所述，在城市和区域两种不同的空间尺度下，中间投入品运输成本的存在都是集聚的原因之一，但各自的作用机理有所不同。

5.1.4 对集聚成本的设定不同

在城市尺度下，集聚形态会产生集聚成本，成为一种离心力。发生的逻辑如下：

在城市集聚样态中，所有企业都集中在 CBD，而企业人员将围绕该中心居住生活。在有通勤成本的前提下，可以猜测，每个人员（或家庭）都希望能够距就业地点（CBD）更近一些以节省通勤成本（包括费用和时间，但主要是时间），在竞价中，中心区域的地价将被推高，在中心区居住的人员相较外围地区的人员，所能享受到的居住面积会更小。由于在城市模型中，居住面积进入效用函数，所以在城市中心更小的居住面积是离心力之一。此外，由于集聚导致的更高的通勤成本也是离心力之一。

在区域尺度下，模型并没有设定由集聚产生的空间拥挤成本，这一安排仍然体现了不同空间尺度下的特点，原因是区域是较大的空间尺度，企业较为集中的分布与城市尺度下的拥挤是截然不同的两个程度。在区域尺度下，企业集中的离心力（或成本）主要来自于其产品"出口"到其他区域供农民消费的运输成本。

5.1.5　区域层面未考虑溢出

在城市层面的集聚机制中,"面对面"的近距离接触所产生的"知识溢出"是城市高密度集中的重要原因。但是,在区域层面上,并没有假定有此类"溢出"的存在——在区域的尺度下,被认为已经不可能产生属于外部性范畴的知识溢出效应。所以,知识溢出或学习机制并不是区域层面上促成集聚的力量。在区域尺度下,企业之间的信息交流可以认为都是有意为之的,通常是在已经建立业务关系的前提下进行的,所以可被排除在"溢出"的范畴之外。

5.1.6　不同空间尺度下建模形式不同

城市集聚的理论模型中,一般是将城市作为连续空间处理,无论是求取城市的有效劳动还是运输成本或通勤成本,使用的方法通常是在连续空间上进行积分,带来的结果是形成单峰的城市中心,向外围过渡时人口密度逐渐降低。也就是说,这种在空间上连续的分布设定是城市内部人口分布特征的形成基础。此外,由于分布是连续的,如果产生集聚,从城市的中心到外围通勤成本逐渐增加,而通勤成本的主要构成是时间,这意味着通勤时间会挤占工人的劳动时间。在城市层面的单中心集聚一定产生了更多的通勤时间,读者可以这样想,如果企业不是集中在中央商务区而是在空间上分散分布的话,那么每个企业的周围都聚拢着本企业的员工,这样一来，每个员工居住地距工作单位的距离都会很近，平均通勤时间会少很多。因而，可以认为通勤时间的增加是城市尺度下集聚的离心力之一。虽然在理论和现实中，城市尺度下都实现了集聚形态，但是通勤时间在一定程度上限制了城市的规模，其离心作用是显而易见的。

在区域尺度下，两区域离散存在，一个区域到另一个区域的运输成本是确定的，在区域内部，不再分析经济活动怎样分布，这与城市模型不同。不再分析区域内经济分布形态的原因是，企业与人员在一个区域内集聚并不会产生额外的集聚成本，这与城市尺度下集聚的逻辑有显著不同。

5.1.7　不同集聚形式的内涵有差别

城市层面与区域层面的集聚的形式规定不同。城市层面的集聚（通常指单中心集聚）是指所有企业集聚在中央商务区（在空间上表现为一点）而居民（既是员工也是消费者）围绕中心点分布的形态；另一种城市模型是考虑交流的外部性，在知识溢出的视角下，消费者互动的需求导致消费者呈单峰分布的形态，而顶峰的位置即为城市中心。在这一分布的形成过程中，中心地区土地价格被推高起着至关重要的作用。在前一种城市集聚理论模型中，集聚的主体是企业，人员以企业群为中心分布；在后一种城市理论中，集聚的主动发起者是人员。

区域尺度下的集聚，流动的主体是工人，每个区域的企业数量是由该地区有多少工人决定的，因为每个企业只生产一种产品，所以产品的种类也由区域的工人数量而决定。在区域尺度下，集聚是企业和工人都在一个区域内，另一个区域只有农民，区域的集聚的具体分布状态并不在研究范围内。正因为在区域范围内，具体的分布状态不予考虑，所以也没有考虑分布状态对区域土地价格的影响，因此区域内的土地价格并不成为影响集聚的力量。其根本原因是，区域是更大的空间尺度，区域尺度下的厂商集聚并不是如同城市层面上的近距离临近的状态，所以内部的土地价格并不体现区域内的集聚情况，城市和区域是在两个不同的空间尺度下探讨问题。

5.2　区域与城市集聚机理的理论基础比较

在区域层面上的集聚理论中，以中心—外围理论模型为例，不是基于企业的外部报酬递增，而是基于不完全竞争的市场结构与企业的规模经济两块基石。企业的内部规模经济体现在成本函数中，假定了固定成本 F 的存在，这在很大程度上影响了企业的规模，使得企业的规模不能够过小，否则会使产品的平均成本过高。另一个重要的前提是垄断竞争的市场结构，产品之间既有差异又能够在一定程度上互相替代，差异性使得每个企业具有一定的垄断能力，而可替代性又使得每个企业的销量与价格呈负相关，从而使距离大市场较远的企业将因为付出运输费用而面临不利局面。关于这一点，有几个往往没有被注意的重要意义。第一，当经济在区域间是均衡分布时，即使是运输成本极高导致区域间贸易不能发生，也就是每个区域只能消费本地区的制造业产品，这使得可供消费的产品种类变少，但因为产品之间可以互相替代，所以仍可维持一定的效用水平。第二，由于产品间具有差异性，也就是产品间无法做到完全替代，所以消费者倾向于尽可能使消费的产品多样化，这就使得制造业比例小的区域的消费者将不得不付出更高的产品价格（由运输成本带来）。第三，垄断竞争性的结构使厂商无法将运输成本都转移至消费者承担，运输成本将在一定程度上迫使厂商降低销售价格以维持一定的销售量，降价的幅度大小取决于产品间的替代弹性（σ）的大小：替代弹性越大意味着越可能被替代，则需要更大的价格降幅才能够保持一定的销量；而如果替代弹性比较小的话，产品有较强的不可替代性，或者说需要更多数量的其他产品才能够替代一定数量的该产品，那么他的价格就相对无弹性，运输成本将更多由消费者承担。

一个值得注意的问题是，替代弹性的大小对消费者和企业的地理选择倾向有着不同的影响。如果替代弹性大，由于易于被替代，那么企业必须更多地承担运费，所以企业会有意地接近大市场，即更愿意到集聚地区安家落户，这样可以更多地在当地出售产品，而只需将较少的产品运往外区域销售，而如果替代弹性小，运输成本会主要由消费者承担，则企业相对无必要到集聚地区生产。情况对于消费者则正好相反，如果产品间的替代弹性较大，则消费者可以轻易地买到替代产品，甚至可以用少数几种产品来满足需求，这样，就没有必要非得在集聚地区生活，因为没必要从外部购买多种产品并支付运费；而如果替代弹性小，则消费者必须购买很多种类的产品，所以消费者会愿意在集聚地区生活，这样只需要为外区域生产的少数产品支付费用。当同一个人既是生产者也是消费者时，问题开始变得复杂，这意味着个人必须在工资水平和价格水平的综合比较中进行权衡，这也是在各种参数条件（如运输成本）不同时，是否集聚的结果不同的重要原因之一。

在城市层面上的集聚机制中，匹配机制的关于市场的假定可以认为是垄断竞争性的。在匹配机制的理论模型中，每一个厂商都生产异质性产品且厂商的数量众多，这是垄断竞争性市场的典型特征。但是，在该理论机制中，重点却不在消费者如何在垄断竞争性的市场中获得产品，更没有涉及消费者的空间分布对其购买产品的影响，该理论模型的重点集中于"异质性产品的生产需要引致对差异性劳动力的需求"这一机制上，产品间的差异性使得劳动力之间有差别，而产品间的共性（由替代弹性决定）又规定了从事不同产品生产的员工可以相互转换，当然，这种转换是需要支付培训成本的。在该模型中，城市尺度下的集聚正是由于工人们为了最小化就业过程中的匹配成本而实现的。在城市的匹配机制模型中，为什么不像区域层面一样去考虑异质产品的可获得问题（消费与运输问题），而是考虑差异性工人的就业匹配问题呢？原因仍然是空间尺度的问题。在城市的尺度下，由于现代运输方式，在方圆几十千米的规模内，一般产品的运输成本对价格的提高并不显著，因而并不是消费者在城市内部选择居住地点（选择结果体现在距离中心的距离上）的主因，因此在该模型中被忽略；但是，从工作的视角来看，或者以个人的工作身份来考量，集聚在企业集中的中心区可以节省大量的通勤成本，从而减少培训与工作中的多项成本。城市层面的运输成本较小，但是通勤成本却较高（尤其是时间成本），而且通勤成本是高频次发生的，即几乎每天都要发生，如果个人选择游离在该中心以外，较高的通勤成本将成为沉重的负担，或者说，以工人的视角看，在城市中心已经是既定的情况下，选择集聚是为了回避高昂的通勤成本，这与城市中心是内生形成的假设中，更低的通勤成本易导致集聚并不矛盾。

城市层面的另一个主流的理论模型——分享机制模型，与区域层面的模型有着本质上的不同。在分享模型中，假设最终产品部门在规模报酬不变和完全竞争条件下生产同质产品，也就是设定了竞争性的生产函数。就投入品的总数量和总价值来看，该函数是规模报酬不变的，即产量随着投入品的总价值和总数量的增长成正比增长，但是，在投入品的总价值和总数量都一定的前提下，他却随着投入品的种类的增加而增加。由于每个企业生产一种产品，或者说每种产品对应一个生产企业，所以可以认为最终产品部门的产量是随着相关企业数量的增加而增加的，即是由相关产业规模的扩张而引起的，也就是说，该生产函数体现的是外部规模经济，属于外部规模报酬递增的范畴。另外一个值得注意的重要区别是，在分享机制模型中，中间产品的可获得性不是连续的，即或者是在某空间范围内可以不支付运输成本便可获得，或者是在该范围外无法获得，也就是不存在以空间距离为变量的连续成本函数。这一假定的深层含义是，城市层面上的集聚的重要原因之一是对城市中提供的许多难以运输的公共产品、服务或公共设施的需求，由于这些产品是难以运输的，所以这是在小尺度下讨论集聚。

5.3　不同空间尺度下运输成本作用的逆转与空间发展的倒 U 形曲线

5.3.1　运输成本与通勤成本的权衡及对城市集聚的影响

在前文对区域尺度下的集聚机理的分析中，中心—外围模型得出了运输成本与集聚负相关的结论，即如果运输成本在较小的区间范围内，那么制造业会在一个区域集聚，该区域成为中心，而另一个区域则只存在农业，变成外围；如果运输成本较大，则制造业会在两个区域平均分布，不会形成集聚。

但在城市的尺度下，运输成本的作用方向则相反。在城市尺度下的运输成本与通勤成本的权衡模型中，更高的运输成本对应着更高的集聚水平（藤田昌久等，2016）。其逻辑可分析如下：

城市层面的集聚是在产品的运输成本与人员的通勤成本这两种"运送"概念中权衡的结果。运输成本是城市层面集聚的向心力，运输成本越高，人们越愿意在企业密集的空间里生存——因为在这样的空间里，只需要为较少种类的产品支付运输费用，因为当地生产的产品种类更多，无须支付运费。就企业而言，在运输成本高企时，也更愿意到人员集聚的地区，原因有二：第一，多数产品可以在当地出售，即较少承担运输费用①；第二，在城市尺度下，并不

----

①　关于企业与消费者都要部分承担运输费用的原因前文已有解释。

存在不可流动的农民，也就是不存在不得不承担高价格的人群，所以，企业在非集聚地区并不会受到高产品价格的保护，这也是促进企业到集聚地区的向心力。其中，原因二充分地体现了区域与城市不同的空间尺度所产生的差异性结果。以上运输成本的存在是城市尺度下集聚的向心力，但是，如果没有离心力，城市的规模将失去控制。城市集聚的离心力来自于企业集聚后人员每天上班所发生的通勤成本与城市内高昂的住房价格，由于城市的住房价格是中心（工作地点，企业集聚地）最高，随着距中心的距离增大而下降，即人们更愿意居住在中心区是为了减少通勤成本，从逻辑上可以推断城市的高房价源自集聚引起的通勤成本。试想，如果无集聚，即企业是在空间上是分散的，那么每个企业周边都将只围绕着本企业的员工，通勤成本将会很小。通勤成本影响城市集聚的逻辑如下：众多企业集中在一个较小的空间中（CBD），人数众多的上班族只能围绕中心并向外围延伸居住，集聚地的企业越多，则人员也就越多，居住区向外延伸得便越远，从而通勤成本会随着集聚的增加而增加，到一定程度后则将使最外围的人员的通勤变得不现实，这也将是城市的边界。此外，由于劳动力的数量是一定的，而更长的通勤时间将减少有效的劳动时间，所以集聚形式会减少产品的总量与产品的种类（在企业规模固定的前提下有种类减少的结论）。所以，通勤成本是城市层面集聚的离心力之一。

5.3.2 城市与区域的折中与空间发展的倒 U 形曲线

综上所述，和中心—外围模型不同，在城市尺度下，一个更加一体化的经济，即贸易成本（运输成本的更广义概念）更小的经济反而会排斥集聚而促成分散，因为当运输成本较小时，集聚时所产生的价格优势并不明显，且分散的状态可以减少企业和工人的城市成本负担，这种负担主要来自通勤成本与高地价引起的土地成本。

区域尺度下的中心—外围模型与城市集聚模型得出了运输成本变化对于经济活动集聚与否的截然相反的结论。究其原因是空间尺度不同而导致的结果不同。这一点可以从克鲁格曼和维纳布尔斯（Krugman & Venables，1995）的城市与区域的折中模型中得到反映——当考虑的空间兼具城市与区域的特点时，运输成本的作用会发生逆转，运输成本的降低先是促进集聚（体现区域尺度的特点），之后又会导致分散（体现城市尺度的特点）。该模型的逻辑可以做如下解读。

假设经济系统中有两种消费品，制成品和土地；两种要素，劳动和土地。此处与区域尺度下的中心—外围模型中不同的是：（1）消费品组合中用土地代替农产品；（2）企业的生产要素中包含了土地。以上模型的设置的差异体现了对空间尺度的考量，相比区域尺度的模型，具有了一些"城市特质"，具体如下：消费品中加入土地的原因是，在城市尺度下，土地是相对稀缺的，由土地使用量决定的住房面积是影响效用的重要因素，而农产品的支出占比较小，将其忽略；在城市尺度下，企业对土地的使用要顾忌到土地的使用成本，比如，城市层面上的集聚就会推高中心土地的价格，将直接影响企业在空间选择上的决策。该模型中增加了城市尺度下的变量，但是也保留了区域尺度下的最重要变量——（显著的）运输成本。所以,可以认为,这是一个兼具城市和区域特点的空间模型。由于该模型中对企业和个人对土地的需求都做了显性的表达,所以相比区域模型,该模型增加了一种离心力,即集聚会推高该地区的土地价格,增加企业与个人的生产与生活成本。

在工人效用最大化与企业利润最大化的一阶条件下,一般均衡分析得到的结论是:在运输成本从很高的水平逐渐降低的过程中,(1) 该尺度下的经济先是从分散转向集聚;(2) 然后随着运输成本的进一步降低,由集聚再回归到分散状态。这里,广义上的运输成本的降低可以认为是一个经济一体化的过程,即在一体化过程的初期,经济活动从空间上的分散逐渐集聚,而随着经济一体化的深入,经济再度呈现出空间上的分散和均衡发展的态势。如果以横轴为运输成本,纵轴为集聚程度,两者的对应关系曲线呈倒 U 形。这意味着,经济一体化和空间不平等之间的关系在现实中很可能并不是单调的,经济一体化的第一个阶段会加大地区间的差距,而在一体化深化到一定程度时(在模型中表现为运输成本减小到某个临界值),一体化的继续深入则将使地区间的差距缩小。之所以会出现这样逆转的过程,根本原因是在一体化的过程中,空间中的特质在区域与城市尺度之间转换,相应地运输成本对经济分布的影响也在转变。具体看,在最初阶段,运输成本很高,经济系统谈不上一体化,经济平均分布;随着运输成本的逐渐降低,一体化加深,集聚过程逐渐开始,但此刻还没有使集聚地区的地价上涨过多,消费者和企业并没有过多地感受到土地使用成本所带来的压力,或者从空间尺度对比的视角看,此阶段更多体现出的是区域尺度下的特征,集聚的主要效应是各个主体因节省运输成本而获益。但是,随着一体化的进一步深入，集聚程度不断加大，使得集聚地区的地价较快上涨，人员与企业都感受到了用地的压力，在土地使用数量方面的损失超过了集聚所能带来的好处，此时人员面临在更小的居住面积与更小的通勤成本以及更大的居住面积与更高的通勤成本两种组合间选择，即如果选择在城市中心居住则距工作地点较近，无须负担过多通勤成本，但必须承担高房价（直接导致居住面积相对狭小），反之如要得到更大的住房面积则要住在相对外围，将时间更多浪费在通勤途中。仍从空间对比的视角上看，此阶段更多地体现了城市尺度下的特征，此时该地区主要表达的是城市较小尺度下的特征，非集聚地区因为土地价格较低而变得更具吸引力，这对于集聚地区来说是一种离心力。

应该再次强调的是区域尺度下的中心—外围模型是为了处理宏观的空间问题而构建的，在结构上，这类区域可能包含若干个城市或城市群。在这样一种大空间概念中，对运输成本的强调是合理的，原因是距离遥远，当考虑到一些不适合运输的产品和服务时，运输成本的作用或者影响就更加凸显出来。而城市集聚模型是处理较为微观尺度下的问题的，在微观尺度下，人口密集、土地有限，所以对居住成本与通勤成本的强调是合理的，而由于城市尺度较小，不重视产品的运输成本差异亦是合理的。在城市尺度下，传统的理论认为高运输成本促进集聚，但是，随着运输技术的进步及运输成本的下降，城市的集聚程度及规模反而有所上升，这让我们可以猜测，运输成本的存在应该并不是城市尺度下集聚的主要原因，毕竟几十千米的距离不会使一般商品的价格因为运输成本而出现可被察觉出来的差异。所以，难以建模处理的知识溢出等机制一定在更大程度上主导着城市层面上的集聚。这样讲的另一个逻辑上的证据在于，与产品的运输成本不断降低相反，城市中人员的通勤消耗一直处于上升的趋势中，这点从平均通勤时长的增加中可以得出，但这并没有使城市的集聚程度与规模有降低的迹象，城市尺度下的集聚与维持的主要向心力与区域尺度下有根本的不同。

5.4　小　　结

中心—外围模型是为了处理宏观地区问题而建立的。克鲁格曼（1991）构建中心—外围模型，将人员流动（集聚）所产生的效应在垄断竞争一般均衡模型中进行研究与解释。可以发现，当运输成本在一定的区间内，两地区的实际工资差额作为劳动力流动的动力来源使得集聚是稳定的。在该模型中，实际工资差距来自前后向关联：一方面，由于企业集聚，使得该区域当地生产的较多种类的中间产品可以降低价格指数（前向关联）——集聚区域生产的产品比在分散条件下更加便宜已被实证分析所证实（Handbury & Weinstein，2015）；另一方面，集聚地较大的当地市场会使得名义工资较高（后向关联）。在亨德森（Henderson，2003）的模型中，大的经济主体（如大开发者）行为可使得城市层面的集聚发生，但是，在区域层面，中心—外围模型的集聚是追求个人利益的企业和工人的无意识结果。在中心—外围模型中，不完全竞争与企业内部的规模经济是关键因素，工人和企业的迁移通过金钱外部性无意识的影响所有经济主体的福利。虽然中心—外围模型存在一些缺陷，但克鲁格曼指出了区域之间存在差距（即集聚程度不同）的主要机制。针对中心—外围模型不能得到解析解的缺陷，福斯里德和奥塔维亚诺（Forslid & Ottaviano，2003）通过在工业部门引入非熟练劳动力解决了这一问题。在中心—外围模型中，另一个问题是模型预测当运输成本降低到临界值，（制造业部门的）集聚会突然发生，这与现实中的集聚是渐进式发生的有所不同，但是，如果考虑到人口的迁移行为存在异质性，那么从分散状态过渡到集聚状态将是平滑、渐进的，这也正是在现实世界中很难发现某区域发生突然集聚现象的理论解释。

中心—外围模型的构建考虑了两种集聚力量，即前、后向关联，而对于在城市经济学模型中非常重要的学习效应却没有考虑；此外，在中心—外围模型中的运输成本也不同于城市层面的通勤成本。以上差异的根本原因在于，两类模型考虑的是不同空间尺度下的集聚问题，在更大的区域尺度下，认为（面对面）交流与学习的效应要弱得多是合理的。此外，在区域尺度下考虑的产品运输成本在城市尺度下要相对小得多：在现代运输条件下，在城市几十千米的范围内忽略运输成本差异是合理的；影响城市聚集程度与边界的是耗费大量时间与金钱的通勤成本，与产品通常只需要运输一次不同，通勤成本是大量重复发生的。相比城市经济学模型，区域的集聚更接近于一系列城市网络所形成的区域，而城市地区模型聚焦于城市内部的集聚及构造，研究对象在空间尺度下是相对微观的。

克鲁格曼和维纳布尔斯（1995）从理论上证明，制造业部门在区域间集聚的速度（或程度）与运输成本变化的关系不是单调的：随着货物运输成本的下降，经济活动在区域层面上向少数中心大城市集聚；而随着运输成本的进一步下降，经济活动反而会向中小城市再分布，呈现出分散态势。具体机制是，如果土地供给缺乏弹性的话，企业和工人会在土地竞争中推高城市成本，急剧上升的通勤成本与经济一体化的深入（在模型中表现为区域间广义运输成本的持续下降）将触发制造业企业再度分散，根本原因是其他地区相对于中心地区在地租方面产生了比较优势，而另一个重要原因是地区间运输成本的下降使得企业即使远离当前中心区域也仍能够以较低运输成本向其提供产品。普夫吕格和田渊（Pflüger & Tabuchi，2010）深入讨论了使再分散得以发生的一体化程度的临界值。运输成本与经济集聚的非单调关系为解释区域间不平等程度的动态发展趋势提供了理论上的视角：在一体化过程的第一阶段，地区间差异会更大；而第二阶段，经济一体化会反而促进地区间收敛，经济效率和空间平等可能同时实现（Pflüger & Tabuchi，2018）。关于地区间差异演变趋势的研究，一些高水平的实证研究出现，这些成果明确支持空间发展呈现倒 U 形曲线的猜想（Rosés，Martinez–Galarraga & Tirado，2010；Combes，2011）。上述区域间差异缩小（再分散）的过程与城市尺度下分散的过程有着不同的表现形式与机理：中心—外围模型是为解释宏观地区集聚而构建的模型，一个宏观地区可能包括多个城市群，再分散的主体是企业，机理如上文所述；而在城市模型中，通勤成本的下降对企业选址与工人居住地选取有相反作用——会使工人虽向外分散居住而仍可以在中央商务区工作，这必然可使企业在地理上更加集中以在集聚经济中获益。

第三篇　全球尺度下的
　　　　　经济集聚机制

与城市或区域尺度下的集聚不同，人员的跨国流动仍然是相对困难的，全球尺度下的集聚必然有不同的形式与机制——主要为产业或功能（产业链某一个或若干个环节）上的集聚。在这里，这样定义全球尺度下的经济集聚：由全球范围内的资源配置所导致的经济活动的地理集聚。必须认识到的是，在全球范围内配置资源并不限于要素的跨国界流动所产生的集聚，也包括由国际分工所导致的国内资源在地理上的整合所产生的集聚。

在要素的跨国界流动中，从单个企业的视角观察，企业的全球化通常表现为与垂直型外商投资相关联的企业内部生产活动的分散化，即现代企业在不同国家或地区组织和执行相互独立的生产活动；从全球的视角观察，为数众多的生产企业的跨国部署使一些国家和地区成为某一个或几个环节的较为集中的接受者。公司总部在某些相对发达国家的集聚与普通价值链环节（如装配等生产环节）在发展水平相对落后国家集聚的原因不同，需分类讨论。

在全球层面上，即使不考虑要素的跨国界流动，国际贸易也会改变一国内部的经济地理格局。国际贸易会使一国或地区的某些产业超比例发展，这类产业在一国地理上的分布并不是均匀的，而是呈现空间上的集聚样态。

以上提到的各种集聚有不同的动因，以下分别讨论。

第 6 章

要素的跨国流动与地理集聚

必须明确的是，在全球或国家尺度下，不同"层次"集聚的发生机理并不相同：公司总部在某些相对发达国家的集聚与普通价值链环节（如装配等生产环节）在发展水平相对落后国家集聚的原因有根本的不同。在较高的层次上，对于众多公司总部在发达国家或地区的集聚形态，用前后向关联、知识溢出等效应都难以给予准确与全面的解释。一般认为，只有能够同时提供广泛的生产者服务、金融服务和现代跨国公司要求的高效国际通信连接的地区才能够成为总部集聚地，此类地区的优势是使本地和非本地的公司操作更加容易控制。这一论断有以下两个层面的含义：第一，将公司总部设立在这类地区可以更加高效地控制选址在其他国家或地区的分公司的经营活动；第二，公司可以拥有对重大事件更强的掌控能力。在通信网络高度发达的今天，前者的实现已不是问题；对于后者，约翰·洛根和哈维·莫洛奇（John Logan & Harvey Molotch，2016）以公司总部应对收购与被收购为例指出："此类行为需要极为专业的法律业务、银行业务以及会计业务的支持，当地资源（高水平律师、金融家等的有效聚集）使类似的行为变得更加可控和可行，虽然这并没有使当地的生产变得更加有效率。"可见，公司总部所要求实现的功能与一般价值链环节致力于对高技术效率与低成本的追求不同——总部更加重视所在地区所能够赋予的控制优势，公司总部会在那些与提高生产效率并无关系的活动中获益，这是由公司总部的功能属性决定的。由于控制优势的决定因素更加难以建模体现，尚无单一模型可完整解释全球层面上的公司总部集聚机理。

6.1 跨国公司地区总部的集聚机制

6.1.1 跨国公司成立地区总部的动因

跨国公司地区总部（简称地区总部，regional headquarter，RHQ）是跨国公司基于企业发展战略，在全球范围内进行资源有效配置，合理安排投资、研发、生产、销售、物流、结算等系统，已达到跨国公司体系内部成本最小化、效益最大化的目的而设立的（任永菊，2019）。跨国公司的地区总部是跨国企业在进行对外直接投资的过程中为实现利益最大化而持续创新公司组织结构的结果。

地区总部是跨国公司在内外部因素共同作用下逐渐形成的组织结构。按照战略与组织的角度不同可以分为如下类型：垂直型地区总部、水平型地区总部、虚拟性地区总部与混合型地区总部。垂直型地区总部更加重视组织结构间的纵向联系，即每个层级的组织单元间通过纵向联系完成公司层面的各项工作内容，而各单元之间的横向业务开展相对不多。在这样的区分方式下，第一层级是跨国公司总部，其与各地区总部的层级关系构成了第一层次的工作关系；垂直型的地区总部处于第二层级，业务重心是地区总部与东道国的各下属单位的业务往来，也就是说，地区总部是连接公司总部与地区组织单元的枢纽。水平型地区总部相对缺乏垂直型地区总部的权威，对东道国国内单位更多的是沟通而不是管理，其主要的业务目标是对东道国国内单位的各方面信息进行处理，并反馈给总部，作为方案制定的依据。虚拟性地区总部是指其虽具备地区总部的功能，但却不存在可见的实体部分，即并不存在具体的办公场所与工作人员，该类型的总部的职能存在于东道国的下属机构之中。混合型总部是将跨国公司总部、东道国和地区三者以地区总部有效连接起来的一种组织结构，他将垂直与水平型地区总部进行了结合，将决策与协调功能更好地体现于地区总部的功能中，并且将协调作用体现得更加全面（周华起，2009）。

在全球经济一体化的背景下，由于需要加深国际合作，并从产业集群获取外部规模效应，从而使得跨国公司必须使其组织结构安排符合自身经营战略的规划，并不断地保持竞争优势。在此背景下，地区总部作为沟通东道国与母国的重要部门应运而生，总体来看有内部和外部两种驱动因素成为地区总部成立的动因。

（1）跨国公司建立地区总部的内部动因。

跨国公司在全球层面的经营战略是其建立地区性总部的重要内在动因之一。跨国公司的根本经营目标是在全球层面实现其经济利益最大化，这需要在全球范围内进行资源的整合。在全球尺度下，各个国家和地区发展不平衡，从生产基地、销售市场或是要素来源等影响跨国公司总体收益的诸多方面看，每个东道国的情况均有不同，甚至在同一东道国内部，不同的区域间也有明显差异。综上所述，可以认为这种差异性来自两个层面：第一，跨国公司在不同的国家或地区的投资往往功能不同，有的集中于生产层面，有的则是侧重在市场层面；第二，不同的国家或地区的投资环境差异很大，包括经济发展水平差距、文化背景差异、制度不同等诸多方面。以上两个层面的差异均要求跨国公司在东道国投资经营的过程中必须制定与母国区别化的经营战略，在不同的东道国之间投资也存在这一问题。在信息快速产生与传递的大背景下，跨国公司的战略或策略的调整必须迅速有效，这需要在第一时间掌握情况的变化，并且必须能够有效率地执行。虽然当今的通信方式快捷有效，而且几乎没有成本，但是一些重要的、无法编码的信息的传递仍然需要"面对面"的方式，这让地区总部的成立有了其必要性。一方面，在具体的执行过程中，可能会涉及诸如并购之类的重要决策内容，这类关键决策不适合远程操控的方式，而是需要在当地组织金融、法律等相关资源完成并购。另一方面，是跨国公司推广企业文化理念时，需要独立于生产部门以外的地区总部组织面向当地进行调研、分析，制定出易于与当地文化背景相融合，或起码是不相排斥的推广方式，这将为跨国公司在海外的长远经济利益获得打下基础。

（2）跨国公司建立地区总部的外部动因。

随着世界经济一体化程度的加深，国家间的经济相互依赖程度也在加强——在国际经贸领域表现为生产要素在国家间的流动性更强，而不仅限于商品的贸易，以跨国公司为载体的国际资本在一体

化的大背景下在国家间快速流动。世界范围内的经济一体化的深化
使跨国公司在母国以外建立地区总部变得更加必要和重要。地区总
部的建立可以使设计、研发、生产、销售等分布于不同国家和地区
的价值链更好地统合起来，使总体利益最大化。总的来看，地区总
部能够更充分地利用国家间的经济发展的相互依存性，更好地贯彻
整体的战略，同时将产品与企业文化推广到各个目标市场。

在全球经济一体化的推进过程中，本土化是跨国公司在东道国
长期发展战略中的核心理念。本土化的必要性在于，不同的国家或
地区对待产品和服务有不同的要求和喜好，跨国公司通过建立地区
总部更加深入地了解当地的社会特点、消费习惯，使产品与服务可
以更贴合当地人群的实际需求。此外，本土化的重要性还在于弥合
产品来源国与东道国之间的文化差异。文化差异广泛地存在于语
言、交流方式、甚至颜色偏好等诸多方面，所以跨国公司地区总部
的一项重要任务便是助推跨国公司更好地融合当地文化基因，使其
能够得到消费者与公司雇佣的当地员工的较高程度认同。

6.1.2　跨国公司地区总部在地理上的集聚机制

一个国家或地区吸引跨国公司在当地设立地区总部的向心力是
什么呢？或者说，跨国公司选择在东道国建立地区总部存在哪些方
面的考量，使得地区总部在某些国家或地区的集聚得以形成？关于
众多跨国公司的地区总部在空间上是集聚的这一点是非常明确的，
就我国来看，截至 2019 年末，上海市累计认定的地区总部以及功能
性机构便已接近 700 家，而同时期作为我国吸引地区总部排名第四

的江苏省则只有 200 家，排名更加靠后的其他省份在数量和规模上
更是少得多。通过对地区总部相对集聚的地区的区位优势进行解
析，可明确吸引总部集聚的宏观因素，并进一步探究跨国公司此类
行为的微观需求因素，从而可以发现地区总部设置在空间上形成集
聚形态的机制。

跨国公司地区总部是跨国公司在一国或地区执行高级别职能的
机构，需在经营战略层面进行法律、财务、人事等重要工作，属于
高层决策的范畴。所以，地区总部，包括高水平的研究机构的集聚
机制必然与价值链上的"一般环节"的集聚机制不同，促成其地理
选择的因素往往是投资目的地的人才储备、通信水平、国际化程度
等方面，相比之下，一般的生产部门在选址时则并不需要这样的区
位特质，而且这些区位由于以上的优势会使得该地区的土地价格、
劳动力价格都明显高于普通地区，反而不利于一般生产部门控制成
本，从而对一般生产环节表现为"排斥"作用。以吸引跨国公司地
区总部的区位特质为视角，可以发现形成跨国公司地区总部地理集
聚机制的向心力包含以下几个方面。

（1）高素质人才储备。

与一般的生产部门追求较低的劳动成本不同，地区总部业务活
动的关键主体是高层次人才。也就是说，地区总部能够顺利开展工
作的一个重要前提是总部所在地必须能够吸引到高素质人才驻留，
否则工作的顺利运行无从谈起。这里提及的高水平人才是指精通专
业技能、熟练掌握外语的高素质专业人士。高水平人才集中的地区
具备良好的自然环境、便捷的交通条件、充足的医疗资源与高质量
的教育环境，这些优势是跨国公司选择地区总部的重要考虑因素。

（2）完善的基础设施与服务业。

跨国公司地区总部需承担在该地区的战略规划并为重大事件做出决策。在此过程中，地区总部为了客观准确地对地缘经济与政治形势进行研判，需要与母国公司总部进行大量的、高频次的沟通与信息传递，也包括与公司其他部门的横向协作。由于对信息的高效取得与交流非常频繁，所以对互联网、光纤、卫星通信系统的要求较高，必须保证稳定、不能中断。此外，作为地区总部，商务活动非常重要，其对地区总部的总体形象、管理水平、发展定位影响显著，所以对国际标准的办公楼、会展中心、高档酒店、国际空港等大型公共设施有很高的要求，这也是地区总部选择区位的重要因素。

地区总部履行职能的过程非常依赖高水平的服务业体系。高水平的服务业集聚所产生的外部性对地区总部的活动有重要的支持作用，地区总部所在地的银行业、保险业、证券、房地产业、法律咨询、会计及信息服务业的发展水平是跨国公司选择地区总部时考虑的重要因素。

（3）区位优势。

跨国公司在选择地区总部的所在地时会充分考虑地缘经济与政治等因素，所在地区通常都会具有明显的区位优势。与生产环节的选择不同，地区总部选址时所看重的并不是一般性生产要素的可获得性及相对成本等因素，相比之下，地区的中心性是地区总部重点考虑的基础条件，该意义上的地区的中心性包含以下几个维度：

第一，地理位置上的中心性。一个大区域的地理中心通常是交通的枢纽，这使得该地区四通八达，能够使"面对面交流"的成本最小化。最能满足公司面对面接触需要的地理环境是经济多元化的区域中心。

第二，商务金融中心。在经济发展过程中，一些中心区域可能会失去制造业工作岗位，但同时却会获得更多商业服务和金融业方面的岗位，出现在中心地区的岗位中银行、会计、法律等占据主导地位，这使得该中心区能够提供广泛的生产者服务、金融机构服务和现代跨国公司要求的国际（通信）连接，从而成为区域金融中心。地区总部所在地增长背后的力量不是生产效率的问题，更重要的是支持公司金融资产的能力。

综上所述，由于控制和协调功能在总部活动中的重要性，总部地区的集聚力量会因为以下若干原因得到加强。第一，来自不同国家的公司之间的收购和兼并的快速增长会加强地理集聚。第二，国际贸易规模不断增大的趋势。贸易自由化强化了跨国公司的优势，同时区位效率也被强化，进一步巩固总部地区的地位。第三，区位优势会因为因果循环机制而得到加强，即区位会由于地区总部的发展和影响力自身得到加强，并进一步吸引其他公司总部的选择。

6.2 生产环节在全球尺度下的集聚机制

6.2.1 全球尺度下直接投资的分类

在对生产环节的外商直接投资的动机进行分析时，需要区分水平型和垂直型的直接投资，两者对应着不同的主体投资动机，也诠释着全球尺度下不同的集聚机制。

当跨国公司在不同的国家或地区建立生产企业生产同一类产品时，就是采取的水平型投资；若跨国公司在不同国家或地区组织实施相对独立的生产性活动，而这些相对独立的环节再整合起来又构成从创意、研发到销售的整个供应链，这种类型的投资属于垂直型的。水平型投资是跨国公司在规模经济、贸易成本与通信成本的权衡中决定的，充分体现了"空间"的影响。水平型投资一旦发生，由于投资被拆分，则内部规模经济被削弱，但可以直接面对市场，省去贸易成本。垂直型的投资在地理空间上拆分了生产环节，这种拆分是为了利用不同国家或地区之间要素禀赋差异（由此导致要素价格差异），也就是说，不同的生产环节的成本构成不同，拆分生产环节使每个环节的生产都在其生产成本较低的国家进行，其根本目的是生产层面的成本最小化。

可见，水平型投资和垂直型投资的出发点不同，不应该在机制分析中混同考虑。下文分别分析水平型投资与垂直型投资的驱动机制。

6.2.2　水平直接投资的发生：一个数学模型

跨国公司进行水平型投资的通常方式是在东道国建立或收购一家子公司生产与本国相同的产品。就目的来看，水平型的对外投资是以市场接近为出发点的，是对出口的替代[①]。比如，中国的汽车

[①]　资料来源：赫尔普曼. 理解全球贸易 [M]. 北京：中国人民大学出版社，2012.

生产企业可以在国内制造汽车出口东南亚地区，也可以在该地区投资建厂生产并在当地销售。至于选择哪一种方式，在于哪一种运营方式可以获得最大的利益。这取决于贸易成本、投资的固定成本与通信成本、东道国的市场规模（销售量）等因素的对比：在本国生产并出口可以避免再投资所产生的固定成本，而在东道国投资生产可以节省贸易成本，关键是哪一种方式能够获得更大的利润。以下将构建数学模型表达上述思想。

令以贸易方式供应别国的企业的利润为 π_1，则有：

$$\pi_t = pQ - cQ - \tau Q = (p - c - \tau)Q \qquad (6-1)$$

其中，p 为产品价格；Q 为销售数量（反映着别国的市场规模）；c 为平均生产成本，水平投资中不强调两国的生产成本差异，所以不做区分，下式同；τ 为单位产品的贸易成本，包括运输成本与贸易壁垒带来的成本。

令以直接投资的方式供应别国（东道国）的企业（跨国公司）的利润为 π_i，则有：

$$\pi_i = pQ - cQ - F - I = (p - c)Q - F - I \qquad (6-2)$$

其中，F 为对外投资的固定成本，I 为广义的通信成本。需要强调的是，I 既包括由远距离通信产生的成本（狭义通信成本），也包括信息传递过程中的失真、遗漏所导致的损失，后者是由于决策部门与生产部门在空间上分离、无法面对面交流所产生的后果，在构成上，这部分的损失要远大于狭义的通信成本。

如果企业以利润最大化为原则，可知在两种方式的比较中，如果有直接投资的利润大于进行贸易的利润，那么直接投资将会发生，数学上的表达如下：

$$\pi_i > \pi_t,\ \text{即}\ pQ - F - I > (p - \tau)Q,$$

整理后可得如下形式：

$$Q > \frac{1}{\tau}(F + I) \qquad\qquad (6-3)$$

当此不等式满足时，对外直接投资将会发生。从此不等式中，可得出如下结论：

（1）如果贸易成本比较大，即 τ 比较大，那么上式更易成立。也就是说，当贸易成本较高时，企业更加倾向于用投资替代贸易。在这里，贸易成本包括运输成本与贸易壁垒产生的成本（如关税成本）。从贸易成本的视角审视，从以上结论中可推测出两点：第一，企业与目标市场的距离越远、运输成本越高企，则越有拆分企业再投资的倾向；第二，目标市场所设置的贸易壁垒越高，为了规避贸易壁垒，企业越有可能去当地投资，在当地生产并销售产品。

（2）在东道国投资建厂所需的固定成本越大，投资越不容易发生。F 越大，该不等式越难以满足，或者说，对东道国的市场规模要求越高。换句话说，如果易地再建生产企业需要大量投入，那么必须要有很大的销量分担固定成本才可以。

（3）如果信息在总部与生产部门间进行远距离传送所产生的信息损耗与失真较少，即 I 较小，则投资行为较容易发生。也就是说，如果生产部门与总部的联络并不会因为距离遥远而产生较多障碍，那么更倾向于用直接投资替代贸易。

（4）一国或地区的市场越大，即潜在的销售量 Q 越大，就越容易成为跨国公司进行直接投资的目标国。该结论体现着生产环节在全球范围内地理集聚机制。该结论意味着，当一国或地区的国内市场较大时，更加容易吸引外来的投资，根本原因是能够节省更多的贸易成本。可以推测，如果一国或地区在地理上很接近大市场，或者是通向其他大市场的贸易成本较小，那么即使自身体量较小，也仍然具备吸引投资的条件。

在全球尺度下，跨国公司是否进行水平投资来替代贸易是在对固定成本、贸易成本与通信成本的权衡中抉择的。如果贸易成本很高，而固定投资与通信成本却相对较低，那么企业就会倾向于到销售量较大的国家投资生产该种产品以取代贸易。具有此类特质的国家或地区会吸引众多投资，资本流动表现为全球层面上的经济活动集聚。

6.2.3 垂直直接投资的发生

在上一小节中，在理论上讨论了水平型外国直接投资（FDI）的发生机制。在讨论中，假定在投资发生的情况下完整的价值链（或生产环节）均位于东道国，而在贸易的情况下，整个价值链均位于母国。也就是说，水平型直接投资是指在国外生产的产品和服务与在母国生产的产品和服务基本相同的投资类型（马库森，2002）。但是在很多情况下，跨国公司在投资中将生产阶段拆分并在地理上分散，这类投资叫作垂直FDI，即垂直型直接投资，简单地说，这类投资的一些生产环节在东道国完成，而另一些则在母国完成。

这种将价值链的不同环节分散到不同国家或地区的行为在空间上的体现则是不同生产阶段在具有不同要素禀赋的国家或地区的集聚。跨国公司将生产环节分散到不同国家或地区的动机是使产品差异与要素禀赋差异相对应，以使产品的生产成本最小化。也就是说，由于产品的各个价值链环节的成本构成情况不同，通常是指有不同的资本劳动比例（K/L），所以就生产成本最小化的视角来看，不同的价值链环节分别适合于具有不同要素禀赋结构的国家或地区。在全球层面上，众多跨国公司的不同类型的价值链环节向不同禀赋结构的国家或地区集中，属全球尺度下经济集聚的一种表现形式。微观地看，一家企业出于成本最小化的目的，有动机将高技术含量的研发部门建立在资本丰裕的国家，而将只需要简单劳动力的装配部门建立在劳动力丰裕的国家，零部件制造等环节将被置于要素禀赋结构介于以上两者之间的国家。

如果企业进行的是垂直型投资，那么从单个企业的视角来看，这种拆分生产环节并布局到其他国家或地区的方式是一种分散行为，然而，如果从全球的层面观察，为数众多的跨国公司将其价值链的一个或若干个环节转移到适合的国家或地区的行为则表现为经济活动在全球尺度下的集聚。与总部可以从范围广泛的集聚经济中获益（戴维斯与亨德森，2008）不同，价值链一般环节集聚的动力是国家间要素禀赋结构的差异。

那么，为什么认为各国或地区间要素禀赋差异是更宏观的空间尺度下的经济集聚动因呢？原因在于，区域或更小的空间尺度都是在一国的空间范围内讨论问题，由于要素在国内的流动是充分且快速的，所以在该尺度下通常并不存在显著的要素禀赋结构上的差异，这也决定了该因素不能作为小尺度空间集聚形态的解释变量。但是，在国家间要素的流动却是极不充分的，尤其是劳动力的流动更是这样。这导致了在国家间普遍存在要素禀赋结构的差异，这种差异推动了不同价值链环节在不同国家或地区的集聚。

6.3 集聚或是分散：信息传递成本、
运输成本与规模经济的权衡

在较低的层次，在众多企业分散化（跨国部署）的进程中，一些国家或地区成为某一个或几个生产环节的较为集中的接受者，而其他一些国家和地区则难以得到青睐。通过分析跨国公司选择分散化的动机与总结东道国的特质能够发现该层次的全球层面的集聚机制。在前述讨论的区域尺度下，（同一行业中）企业的集群在一定程度上是为了利用外部规模经济，虽然这一点在（程度）度量上尚不明确；而在全球尺度下，企业的位置选择所考虑的因素既包括要素禀赋、市场接近，也包括集聚引起的外部经济。其中，要素禀赋是全球尺度下更加强调的——在国内的区域尺度下，由于要素流动相对无障碍，所以区域间的要素禀赋结构一般不会有太大差异，但在国家间则差异巨大。事实上，相当一部分的跨国企业将价值链的某一环节集中地部署在某一国家或地区的原因正是为了利用当地较为廉价的某种要素，而该要素是这一环节中被密集使用的。除了要素禀赋差异以外，追求"市场接近"也是跨国公司的重要考虑因素。在全球尺度下，导致生产资源跨国流动的另一个重要原因是规避贸易壁垒，但此现象不属于纯粹由经济学机制决定的范畴，故在本书中不做进一步讨论。

在全球尺度下，以跨国公司为主要载体的经济活动使得经济的全球化得以实现。如果抛开贸易壁垒等政策性因素的作用而单纯考虑经济因素的话，全球尺度下的集聚（资源的跨国流动）是在信息传递成本、运输成本与规模经济的权衡中实现的。通信成本与运输成本对跨国公司的形成与活动产生方向不同的影响：信息传递成本的降低，使得公司总部与其他部门的信息交流变得更加容易，部门间对地理距离临近的依赖性逐渐降低，从而在客观上得以分离，每一个价值链环节的实现部门都选择其生产成本最低的国家，这种价值链环节在各个国家或地区的集聚正是跨国公司生产活动的分散过程；而运输成本的降低则起到相反的作用，无论是中间产品的运输成本（垂直投资型）还是最终产品运输成本（水平投资型）的降低，都使产业上下游部门互相临近、接近消费者变得相对不重要，从而会有抑制公司跨国部署的作用。而在后一种情况下，对公司跨国部署产生抑制作用的因素是规模经济——投资另建研发、生产或销售机构需要大量的固定投资，将使产品的平均成本上升，在理论上，只有投资小于运输成本的临界状态时，跨国投资才会发生，而运输成本的下降使这一条件的满足变得困难。也就是说，固定投资相对于运输成本的比值大小是决定企业是否跨国部署（成为跨国公司）的关键，该比值越小，产业链跨国组织就越容易实现。就现实世界的情况来看，信息传递成本下降所起到的激励作用要大于运输成本下降所产生的抑制作用，除公司总部以外的生产环节的跨国部署与资源的跨国流动处于逐渐加强的态势。赫尔普曼（Helpman，2012）基于微观经营个体的异质性，通过引入企业在生产率方面的差异，来解释为何有的企业选择跨国经营而有些只局限于国内经营；藤田昌久等（2016）则提供了一个统一的框架，证明即使所有的企业都具备相同的技术水平，仍然存在不同的空间组织形式。

与人员在国家内部的自由流动不同，劳动力在国家之间的流动阻力很大，所以使用区域尺度下集聚的机制来解释全球尺度下的集聚是极不适合的。而且，在中心—外围模型中，当两区域对称均衡被打破后，典型企业将向经济活动规模占比超过 1/2 的地区转移，这种转移是"整体式转移"，驱动的因素有前后向关联、知识溢出效应等；但在企业跨国部署中，多是部分价值链环节的转移——规避包括运输成本在内的广义上的贸易成本及降低生产成本是主要的动因。

第 7 章

对外贸易与内部经济集聚

　　一国的国际贸易活动很可能会改变内部的经济地理结构。自 20 世纪 80 年代中期墨西哥放弃了坚持多年的进口替代政策，转为出口导向并加入北美自由贸易区以来，大量的装配企业从墨西哥城地区转移至墨美边境地区（哈维·阿姆斯特朗，2007）。与此相类似，中国自 2001 年加入世界贸易组织（WTO）后，相比内陆地区，东南沿海地区的经济发展更加活跃。

　　北美自由贸易区的创建直接导致了墨西哥的关税和其他贸易壁垒实质上的废除，结果是 1980～1995 年，以不变价格计算，墨西哥向美国的出口额从 180 亿美元增加到 480 亿美元（汉森，1998）。在墨西哥对美贸易迅猛增长的时期，墨西哥的制造业企业也从墨西哥城地区向美墨边境区域大量转移。一个重要问题是，国际贸易的大规模开展是如何改变了墨西哥的经济地理格局的呢？或者说，随着贸易的开展，促进墨西哥国内经济活动向边境地区集聚的机制是怎样的呢？从区位的视角观察，可以将以上集聚机制归为以下两类：第一，企业在选址时，考虑到边境地区距美国的供应商更近，可以更近距离地得到中间投入品，即存在所谓前向关联；第二，边境地区距美国市场更近，在将产品销往美国时运输成本更低，即存在后向关联。

如之前章节所述，集聚的机制还包括因集聚引起的外部经济和要素禀赋差异等影响。其中，外部经济性已在更小的空间尺度下探讨过，要素禀赋差异引起的集聚在垂直型 FDI 的产生动因部分中有过探讨。这里，由国际贸易导致的国内经济分布地理格局改变的机制与以上两点有所区别。国内经济分布地理格局的改变在现象上表现为国内企业向更有利于进行国际贸易的区位转移，这属于要素在一国范围内的流动，但是由于要素在国内流动的动因源于国际贸易且集聚的效应在全球层面上产生影响，所以仍将其归于全球尺度下的经济集聚。

7.1 国际贸易成本变动影响国内经济地理的逻辑概述

如上文所述，随着国际贸易规模逐渐增大，一国的经济地理将受到深刻影响。在一国进行国际贸易之前，国内经济的分布形态属于区域尺度下的集聚机制决定，企业和劳动力在一个或若干个区域呈现集聚样态，集聚的根本原因是企业可以更接近国内的投入品市场，也能够更接近消费品市场，这将会带来更高的收入和更低的产品价格。但是，如果国际贸易成本降低到一定程度，封闭经济将转变为外向经济，来自海外的中间产品供给与最终产品需求将变得更加重要，接近国内的供应商和消费者的重要性反而会降低。从这个视角上看，经济活动有从原来的集聚中心分离出来的倾向，离心力包括以下两方面：第一，企业仍希望尽量靠近供应商与市场，但对于一些有进出口业务的企业，此时海外市场的重要性可能更大，企业更希望靠近海外市场以使得进出口成本最小化，从而有可能吸引企业在地理上偏离原来的中心位置。第二，原来的集聚中心很可能已经产生了较大的集聚成本，离开原中心可以避开高昂的土地价格、通勤成本等集聚产生的负效应。以上逻辑分析的结果是在国际贸易的驱动下，企业有从原来的集聚中心分散出来的趋势，但是，为什么作者在本章的概括中却将其归属于（全球尺度下的）集聚形式呢？如果从国际贸易成本更低的地区（如边境区域或沿海地带）的视角观察，企业从原中心分离出来并向本地区转移的过程是一个集聚的过程——特别是存在多个集聚中心的前提下，众多企业向具有贸易区位优势的地区转移的过程表现为集聚过程。以上的逻辑分析得到了实证研究的证实，埃兹与格莱泽（Ades & Glaeser，1997）在研究中发现，一国的最大城市的相对规模与贸易壁垒的程度正相关，也就是说，贸易成本越高，企业对本国的集聚中心越依赖；而贸易成本越低，企业对国际贸易的参与使其在地理上可以减少对本国集聚中心的依赖，向更有利于国际贸易的区位转移。以上的思想被克鲁格曼和里瓦斯（Krugman & Livas，1996）写成了模型，现将模型介绍如下并对其进行解读。

7.2 国际贸易成本变动的地理效应

7.2.1 理论模型分析

克鲁格曼与里瓦斯假定了一个存在三个地区的经济系统。国内地区 1，国内地区 2 与外国地区 0。三个地区间都可以进行贸易，但是企业和劳动力只能够在国内的地区 1 和地区 2 间流动，不能流动到地区 0，地区 0 的要素也不能流动到地区 1 和 2。事实上，这一假设已体现出了研究的空间尺度。在经济系统中，假定劳动力是唯一的生产要素。并且，将地区 0 中的劳动力价格标准化，即将其工资率设定为 1。记地区 0 中的劳动力数量为 L_0，通过对单位的适当选择让国内的劳动力总数为 1。其中地区 1 拥有的劳动力数量为 λ（因为总量为 1，所以也是地区 1 所占有的劳动力份额），那么地区 2 所占有的劳动力数量与份额都为 $1 - \lambda$。基于以上的设定，三个区域的收入水平分别为：

$$Y_0 = L_0 \qquad\qquad (7-1)$$

$$Y_1 = \lambda w_1 \qquad\qquad (7-2)$$

$$Y_2 = (1-\lambda) w_2 \qquad\qquad (7-3)$$

该模型与之前章节的 D – S 模型一致，只是这里假定只存在一个制造业部门，生产差异性产品，假定不存在农业部门（在之前介绍的 D – S 模型中，如果假定 $\mu = 1$，会得到同样的效果）。假定产品在地区之间运输需要支付"冰山型"运输成本：假定产品在区域 1 和区域 2 之间运输，装运 1 单位产品只有 $1/T$ 单位到达（从区域 1 到区域 2 或从区域 2 到区域 1 均是如此）；如果从区域 1 或区域 2 将 1 单位产品运送至国外的地区 0，只有 $1/T_0$ 单位能够到达。由于假定国内的两个区域到国外的贸易成本相等，所以这里并没有赋予某一个地区相对更适合开展国际贸易的特质，也就是在完全对称的前提下考虑集聚（但是，如果现实中的某个区域更加具备国际贸易的区位优势的话，比如处于沿海地区，有大型港口，那么将会在集聚中有不同的逻辑，这一点将在本章末进行讨论）。将以上各式代入到之前章节中提到的迪克西特 – 斯蒂格利茨模型（D – S 模型）中，可得到各地区的价格指数方程与工资方程如下：

$$G_0 = \left[L_0 + \lambda \left(w_1 T_0 \right)^{1-\sigma} + (1-\lambda) \left(w_2 T_0 \right)^{1-\sigma} \right]^{1/1-\sigma} \quad (7-4)$$

$$G_1 = \left[L_0 T_0^{1-\sigma} + \lambda w_1^{1-\sigma} + (1-\lambda) \left(w_2 T \right)^{1-\sigma} \right]^{1/1-\sigma} \quad (7-5)$$

$$G_2 = \left[L_0 T_0^{1-\sigma} + \lambda \left(w_1 T \right)^{1-\sigma} + (1-\lambda) w_2^{1-\sigma} \right]^{1/1-\sigma} \quad (7-6)$$

$$w_1 = \left[Y_0 G_0^{\sigma-1} T_0^{1-\sigma} + Y_1 G_1^{\sigma-1} + Y_2 G_2^{\sigma-1} T^{1-\sigma} \right]^{1/\sigma} \quad (7-7)$$

$$w_2 = \left[Y_0 G_0^{\sigma-1} T_0^{1-\sigma} + Y_1 G_1^{\sigma-1} T^{1-\sigma} + Y_2 G_2^{\sigma-1} \right]^{1/\sigma} \quad (7-8)$$

这一组方程与之前章节介绍的 D – S 模型有一个重要区别：由于不存在（不可在区域间流动的）农民，所以并不存在对抗集聚的离心力。回忆之前关于区域层面集聚的章节，以上逻辑是这样的：由于假定每个区域都有农民，且农民不能离开土地在区域间流动，所以，当运输成本很高时，由于外围区域（非集聚区域）制造业企业很少或者根本没有，这导致外围区域的制造业产品价格很高，这对于企业来说是一种吸引力（可以在当地高价销售产品，而其他区域的制造业企业在此销售产品必须要支付相当一部分运输成本）。

在本节中，由于并不存在农业及不可移动的农民，所以从理论上，无论运输成本处在哪一个范围，集聚都是必然发生的，原因是不存在离心力。但是，这样的话国内经济的地理格局变动则无从谈起。克鲁格曼与里瓦斯的方法是在模型中引入拥堵所产生的负面效应，也就是说，如果某个区域发生了集聚（$\lambda > 0.5$），那么该区域将面临更高的房价、更大的通勤成本等不利条件，从而使实际收入水平降低。如果将拥塞成本代入实际工资方程，则每个地区的实际工资为：

$$\omega_1 = w_1 (1 - \lambda)^{\delta} / G_1 \qquad (7-9)$$

$$\omega_2 = w_2 \lambda^{\delta} / G_2 \qquad (7-10)$$

其中，$\delta \in (0, 1)$，$(1 - \lambda)^{\delta}$ 与 λ^{δ} 分别表示区域 1 和区域 2 的拥塞带给地区的实际工资的削弱程度。注意：当 $\lambda = 0.5$ 时，两个地区的拥塞成本相同，比值为 1。当某个地区的企业与人口增加时，该地区的拥塞成本增加，实际工资水平下降，但是，由于 δ 小于 1，所以实际工资水平下降的速度是小于人口增加速度（集聚速度）的。以上的拥塞成本的设置形式保证了不会有所有人员均集聚到一个地区的结果，原因是如果全部聚集到一个区域，则有 $\lambda = 1$，那么该区域的实际工资为零，而另一个区域工资为正，所以彻底的集聚是不可能发生的。区域间实际工资相等时即区域间人员流动达到平衡时，此时的 λ 的值即体现着国内区域间经济分布的地理格局。

在三区域经济系统中（将国外当作一个区域来看），国内区域是否集聚以及集聚发生的条件受到参与国际贸易的成本与规模的影响。给定一个方向，如在贸易自由化一直加强的过程中，或者说贸易成本（在本章中简化为运输成本）一直降低的过程中，区域 1 和区域 2 的国际贸易量都会加大，如果两区域生产的产品种类与贸易量是一定的，那么每个区域的国际贸易占比都会增加，反过来就是每个区域的国内区域间的贸易占比就会减小。但是，国内两个区域的集聚成本，即拥塞成本，却是完全来自人员与企业在国内区域间的集聚。综合以上两点分析，我们可以有一个大致的逻辑推断：由于贸易自由化导致的国际贸易份额相对国内区域间份额变大，使得国内企业间地理靠近的重要性降低，而国内区域间的集聚成本却不受此影响（也就是集聚的负效应仍保持之前的水平），所以，随着国际贸易成本的降低，国内区域间的集聚形成的难度将较之前变大，更可能呈现分散的形态。

　　克鲁格曼对以上的方程组进行了赋值模拟分析。结果表明，国内的经济活动在两区域间的分布情况是国际贸易成本的函数。函数关系与之前的推测一致：即随着国际贸易成本（T_0）的下降，经济活动更倾向于平均分布；当贸易成本不断增加时，经济更依赖于国内市场，经济活动更倾向于向某一个区域集中，但是，由于拥塞成本的存在，不可能完全集聚在某一区域。值得注意的是，此处经济分布随贸易成本的变化是连续的，也就是 λ 可能取 0 至 1 间的任何值，这与之前区域尺度下的经济分布或是完全平均或是完全集聚有所不同，原因仍然是拥塞成本的存在。

7.2.2　几点拓展

　　关于以上结论，可以做以下几点拓展思考。

　　（1）多区域且地理优势不同的情况。

如果经济系统中的区域多过两个，且各个区域参与国际贸易的区位优势并不相同（现实中通常是这样），那么经济的分布格局将怎样变动呢？如果在多个区域的经济系统中，某一个区域具有更好的国际贸易区位优势，贸易成本更低（比如沿海且有大港口），那么在同等条件下，其他区域的企业和人员更倾向于向该区域流动，因为在此区域可以更好地利用国外市场。这种多个地区的人员向该地区流动的现象呈现为集聚过程，即一般地区的资源向适合国际贸易的区域集中。现实中，一些国家的内陆地区的企业与人员向沿海地区集中往往是以上集聚逻辑的体现。

（2）国外市场规模的影响。

国外的市场越大（Y_0 增大），相比之下，国内的市场越小，经济在一国内部就越不容易形成集聚。原因是如果国外市场大，国内的企业便更加依赖国际市场，那么就相对没有必要过于靠近国内市场使得集聚成本过高。此时，只有更高的国际贸易成本才会使国内的经济分布不均衡程度变高。

（3）国内区域间贸易成本的影响。

本章集中讨论国际贸易成本变动与国内经济集聚的关系，如果国内的贸易成本发生变化了，集聚情况会发生怎样的变化呢？如果国内区域间的贸易成本变小了，这使得国内企业间空间上相互接近的重要性变小，所以，在存在着集聚成本（拥塞成本）的情况下，经济更加不容易集聚。或者说，在国内贸易成本变小的情况下，国际贸易成本必须更高才会发生国内经济的集聚。必须强调的是，在上一篇关于区域尺度下的集聚理论中，区域间贸易成本（运输成本）的下降会使集聚容易发生，与此处的结论相反，原因在于此处假定了有拥塞成本却没有农业人口。

（4）拥塞成本的影响。

拥塞成本是国内经济集聚的离心力。也就是说，拥塞成本越大，集聚越难以发生。可以预测，随着城市治理水平的提升，同样规模的广义拥塞成本将随之下降，集聚的规模和程度都会有进一步的提高。

7.3　小　　结

经济活动的分布在不同空间尺度下均呈现集聚样态，但其机理并不相同，深刻理解这种差异、从不同的空间尺度或空间单元去划分集聚的类型，识别不同水平的经济集聚，对城市、区域及贸易政策的正确制定非常重要。

城市尺度下的集聚动力来自分享、匹配与学习机制，城市的规模对人力资本的积累及回报有重要的正面影响，从而促进经济增长。理论上，城市的规模经济与规模不经济之间的权衡决定了城市的最优规模与边界。但是，由于城市的规划水平、治理能力在不断提升（降低规模不经济程度），且城市的产业结构也在变化中（改变规模经济程度），所以城市的最优规模处在动态的变化之中。一般来说，服务业比重高的城市，最优城市规模就比较大（王垚等，2017）。梁琦等（2013）的研究指出，由于户籍等制度的限制，中国大城市的规模偏小偏离了帕累托最优（pareto optimality）。潘士远等（2018）在空间均衡模型中加入了人口流动限制的因素后，得出中国一线城市规模过小的结论。实证研究证实,大城市拥有更高的人力资本外部性(Rauch,1993)、教育回报率(Gao and Smyth,2015)、技能互补性(Eeckhout et al.,2014),限制人口向大城市流动的政策,会降低资源配置效率与潜在的全要素生产率。

区域(国家)尺度下的集聚是区域间市场整合与区域专业化在空间上的体现。近年来,我国的人口与经济加速向少数具有向心力的区域集中,主要是东部沿海地区和内陆的大都市圈。必须认识到,经济集聚的发达地区有着更高的全要素生产率,资源的跨区域流动优化了我国的经济分布格局,这在人口红利逐渐弱化的背景下具有重要意义。以长三角为例,区域内各城市经济的协调互动促进了市场整合和劳动生产率的提高(张学良等,2017)。此外,当前在全世界范围内出现了逆全球化的趋势,我国更应该全面打破区域市场的制度性与非制度性壁垒,促进资源跨区域优化配置,借助国内的统一大市场,降低逆全球化造成的负面冲击。

全球尺度下的集聚可分为一般生产环节的集聚与公司总部的集聚两个层面。一国或地区的比较优势属性决定了集聚发生的类型,中国幅员辽阔、区域间发展差异较大,不同区域的集聚类型并不相同,并且随着经济社会的发展而转换。以上海为例,自2002年出台全国首个吸引跨国公司设立地区总部的政策以来,截至2019年10月,累计引进跨国公司地区总部710家(其中亚太区总部114家),外资研发中心453家。上海能够成为全球层面吸引跨国公司总部、研发中心最多的城市之一,根本原因在于地区特质能够赋予公司总部以前文所述的控制力。以该视角观察,个别集中于生产阶段的外资企业撤出中国沿海发达地区属比较优势转换升级过程中的正常情况。对于我国发达地区，全球战略的重点应置于围绕战略性新兴产业、高端制造业以及现代服务业等主导产业，引进细分领域产品或服务份额在全球市场名列前茅的跨国公司总部及研发中心。

各空间尺度下的经济集聚机制不同，但各个尺度下的集聚样态互相影响：城市尺度下的集聚形成大城市、都市圈，作为城市群的核心空间形态，都市圈的规模及发展质量是区域内经济增长及区域间协调发展的重要因素①；区域尺度下集聚的重要动力机制，如前、后向关联，即集聚区域相对更低的价格指数与更高的收入水平在很大程度上来源于区域内大城市（都市圈）所产生的竞争效应与市场潜力②；全球尺度下的集聚与更低尺度下集聚所产生的向心力有关，如对跨国公司总部或生产环节的吸引取决于区域或城市的经济属性，是后者集聚质量和水平差异的体现。以上所述各尺度下集聚的影响并非单向，如全球层面的要素集聚亦会加强较低尺度下的集聚程度，为因果循环加强的关系。

在各个空间尺度下，经济集聚必然会导致空间差异的出现，包括就业率、经济增长率以及公共投入等多方面，而这种空间差异往往会引发社会问题。所以，在深入理解不同空间尺度下的经济集聚机理的基础上，探寻如何在促进经济集聚的进程（亦是空间效率的实现过程）中解决空间平等问题、实现人均意义上的均衡发展具有重要意义。

---

① 2019 年，发改委出台文件《国家发展改革委关于培育发展现代化都市圈的指导意见》，明确指出了都市圈对增强区域竞争力的重要作用。
② 这并不意味着城市尺度下的集聚与区域尺度下的集聚机制的原因是相同的，而是指城市层面的集聚所产生的效应是区域层面集聚的原因之一。

参 考 文 献

［1］赫尔普曼，克鲁格曼. 市场结构和对外贸易 ［M］. 上海：上海人民出版社，2009.

［2］赫尔普曼. 理解全球贸易 ［M］. 北京：中国人民大学出版社，2012.

［3］克鲁格曼. 地理与贸易 ［M］. 北京：中国人民大学出版社，2017.

［4］阿姆斯特朗，泰勒. 区域经济学与区域政策 ［M］. 上海：上海人民出版社，2007.

［5］黄新飞，李腾，康杉. 城市规模与商品价格的关系：来自微观价格数据的证据 ［J］. 世界经济，2021（2）：179－196.

［6］李晓瑛，陈广汉，张应武. 中国城镇地区高等教育外部回报率估算 ［J］. 世界经济文汇，2010（1）：76－91.

［7］梁琦. 分工、集聚与增长 ［M］. 北京：商务印书馆，2009.

［8］梁琦，陈强远，王如玉. 户籍改革、劳动力流动与城市层级体系优化 ［J］. 中国社会科学，2013（12）：36－58.

［9］陆铭. 城市、区域与国家发展——空间政治经济学的现在和未来 ［J］. 经济学（季刊），2017，16（4）：1500－1532.

［10］任永菊.大集聚：跨国公司地区总部在中国［M］.大连：东北财经大学出版社，2019.

［11］任永菊.论跨国公司地区总部的区位选择［M］.北京：中国经济出版社，2016.

［12］周华起.跨国公司地区总部区位选择与中国经济发展研究［D］.长春：吉林大学，2009.

［13］潘士远，朱丹丹，徐恺.中国城市过大抑或过小？——基于劳动力配置效率的视角［J］.经济研究，2018（9）：68－80.

［14］藤田昌久，蒂斯.集聚经济学：城市、产业区位与全球化（第2版）［M］.上海：格致出版社和上海三联书店，2016.

［15］藤田昌久，克鲁格曼，维纳布尔斯.空间经济学：城市、区域与国际贸易［M］.北京：中国人民大学出版社，2016.

［16］夏怡然，陆铭.城市间的"孟母三迁"——公共服务影响劳动力流向的经验研究［J］.管理世界，2015（10）：78－90.

［17］王垚，年猛，王春华.产业结构、最优规模与中国城市化路径选择［J］.经济学（季刊），2017，12（2）：441－462.

［18］洛根，莫洛奇.都市财富：空间的政治经济学［M］.陈那波，等，译.上海：格致出版社与上海人民出版社，2016.

［19］张学良，李培鑫，李丽霞.政府合作、市场整合与城市群经济绩效——基于长三角城市经济协调会的实证检验［J］.经济学（季刊），2017，16（4）：1563－1582.

［20］ABDEL－RAHMAN，FUJITA. Product variety，Marshallian externalities，and city sizes［J］. Journal of Regional Science，1990（30）：165－183.

［21］ ADES, GLAESER. Trade and circuses: explaining urban gi-
ants ［J］. Quarterly Journal of Economics, 1997, 110（1）: 195 –
227.

［22］ BAIROCH. Victoires et de' boires. Histoire e' coomique et so-
ciale du monde du XVIe sie' cle a' nos jours ［M］. Paris: Editions Galli-
mard, 1997.

［23］ BECKMANN. Spatial equilibrium in the dispersed city. In:
Y. Y. Papageorgiou（ed. ）Mathematical Land Use Theory ［M］. Lexing-
ton, MA: Lexington Books, 1976: 117 – 125.

［24］ BERLIANT, PENG, WANG. Production Externalities and
Urban Configuration ［J］. Journal of Economic Theory, 2002（104）:
275 – 303.

［25］ BORUKHOV, HOCHMAN. Optimum and market equilibrium
in a model of a city without a predetermined center ［J］. Environment and
Planning, 1977（A9）: 849 – 856.

［26］ COMBES, LAFOURCADE, THISSE, et al. The Rise and
fall of Spatial Inequalities in France: A Long-run Perspective ［J］. Ex-
ploration in Economic History, 2011（48）: 243 – 271.

［27］ COMBES, DURANTON. Labour pooling, labour poaching,
and spatial clustering ［J］. Region Science and Urban Economics, 2006
（36）: 1 – 28.

［28］ DIXIT, STIGLITZ. Monopolistic competition and optimum
product diversity ［J］. American Economic Review, 1977（67）: 297 –
308.

[29] DUMAIS, ELLISON, GLAESER. Geographic Concentration as a Dynamic Process [N]. NBER Working Paper.

[30] DURANTON, PUGA. Micro – Foundations of Urban Agglomeration Economies [M]. Handbook of Urban and Regional Economics, 2004.

[31] EECKHOUT, PINHEIRO, SCHMIDHEINY. Spatial Sorting [J]. Journal of Political Economy, 2014, 122 (3): 554 – 620.

[32] ELLISON, GLAESER, KERR. What causes industry agglomeration? Evidence from coagglomeration patterns [J]. American Economic Review, 2010 (100): 1195 – 1213.

[33] ETHIER. National and international returns to scale in the modern theory of international trade [J]. American Economic Review, 1982 (72): 389 – 405.

[34] FISCHER. To Dwell Among Friends: Personal Networks in Town and City [M]. Chicago: University of Chicago Press, 1982.

[35] FORSLID, OTTAVIANO. An analytical solvable core-periphery model [J]. Journal of Economic Geography, 2003 (3): 229 – 240.

[36] FUJITA, OGAWA. Multiple equilibria and structural transition of non-monocentric urban configurations [J]. Regional Science and Urban Economics, 1982 (12): 161 – 196.

[37] GAO, SMYTH. Returns to Schooling in Urban China, 2001 – 2010: Evidence from Three Waves of the China Urban Labor Survey [J]. Journal of the Asia Pacific Economy, 2015, 20 (2): 178 – 201.

[38] GLAESER, GOTTLIEB. The wealth of cities: agglomeration

economies and spatial equilibrium in the United States [J]. Journal of Economic Literature, 2009 (47): 983 – 1028.

[39] GLAESER, LU. Human Capital Externalities in China [N]. Working Paper, 2014.

[40] GLAESER. Triumph of the City [M]. London: Macmillan, 2011.

[41] HANDBURY, WEINSTEIN. Goods prices and Availability in Cities [J]. The Review of Economic Studies, 2015, 82 (1),: 258 – 296.

[42] HANSON. North American economic integration and industry location [J]. Oxford Review of Economic Policy, 1998 (14): 30 – 44.

[43] HELPMAN. Understanding Global Trade [M]. Cambridge, MA: Harvard University Press, 2011.

[44] HELSLEY, STRANGE. Matching and agglomeration economies in a system of cities [J]. Regional Science and Urban Economics, 1990 (20): 189 – 212.

[45] HENDERSON. Urbanization and economic growth: the so-what question [J]. Journal of Economic Growth, 2003 (8): 47 – 71.

[46] IMAI. CBD hypothesis and economies of agglomeration [J]. Journal of Economic Theory, 1982 (28): 275 – 299.

[47] IOANNIDES. From Neighborhoods to Nations: The Economics of Social Interactions [M]. Princeton, NJ: Princeton University Press, 2012.

[48] JACKSON. Social and Economic Networks [M]. Princeton,

NJ: Princeton University Press, 2008.

[49] JOFRE – MONSENY, MARÍN – LÓPEZ, VILADECANS – MARSAL. The mechanisms of agglomeration: evidence from the effect of interindustry relations on the location of new firms [J]. Journal of Urban Economics, 2011 (70): 61 – 74.

[50] KELLER. Geographic Localization of International Technology Diffusion [J]. American Economic Review, 2002 (92): 50 – 65.

[51] KRUGMAN. Increasing Returns and Economic Geography [J]. Journal of Political Economy, 1991 (99): 483 – 499.

[52] KRUGMAN, VENABLES. Globalization and the inequality of nations [J]. Quarterly Journal of Economics, 1995 (110): 857 – 880.

[53] KRUGMAN, LIVAS. Trade policy and the third world metropolis [J]. Journal of Development Economics, 1996, 49 (1): 137 – 150.

[54] LIU. The External Returns to Education: Evidence from Chinese Cities [J]. Journal of Urban Economics, 2007, 61 (3): 542 – 564.

[55] MARKUSEN, JAMES. Multinationals Firms and the Theory of International Trade [M]. Cambridge, MA: MIT Press, 2002.

[56] MARSHALL. The Structure of Urban Systems [M]. Toronto: University of Toronto Press, 1989.

[57] PFLÜGER, TABUCHI. Comparative advantage, agglomeration economies and trade costs [J]. Journal of Urban Economics, 2018 (109): 1 – 13.

[58] MILLS. Studies in the Structure of the Urban Economy [M]. Baltimore: The Johns Hopkins University Press, 1972.

[59] MORETTI. Workers Education, Spillovers and Productivity: Evidence from Plant – Level Production Functions [J]. The American Economic Review, 2004, 94 (3): 656 – 690.

[60] PFLÜGER, TABUCHI. The Size of Region with Land Use for Production [J]. Regional Science and Urban Economics, 2010 (40): 481 – 489.

[61] COMBES, DÉMURGER. Unequal migration and urbanisation gains in China [J]. Journal of Development Economics, 2020 (7): 1 – 28.

[62] PORTER. Cluster and the new economics of competition [M]. Harvard Business Review, 1998.

[63] RAUCH. Productivity Gains from Geographic Concentration of Human Capital: Evidence from Cities [J]. Journal of Urban Economics, 1993 (34): 380 – 400.

[64] ROSÉS, MARTINEZ – GALARRAGA, TIRADO. The Upswing of Regional Income Inequality in Spain (1860 – 1930) [J]. Exploration of Economic History, 2010 (47): 244 – 257.

[65] SAXENIAN. Regional Advantage: Culture and Competition in Silicon Valley and Route 128 [M]. Cambridge, MA: Harvard University Press, 1994.

[66] XING, ZHANG. The Preference for Large Cities in China: Evidence from Ural – Urban Migrants [M]. China Economic Review, 2017.